读者
DUZHE

U0804438

脱颖而出

刘仪 著

读者出版社

图书在版编目（CIP）数据

脱颖而出 / 刘仪著. -- 兰州 ：读者出版社，2025. 2. -- ISBN 978-7-5527-0856-1

Ⅰ. C912. 11

中国国家版本馆CIP数据核字第202529MY84号

脱颖而出

刘 仪 著

总 策 划　宁 恢
策划编辑　王书哲　赵元元
责任编辑　漆晓勤
封面设计　徐 晴
版式设计　甘肃·印迹

出版发行　读者出版社
地　　址　兰州市城关区读者大道568号（730030）
邮　　箱　readerpress@163.com
电　　话　0931-2131529（编辑部）　0931-2131507（发行部）

印　　刷　北京盛通印刷股份有限公司
规　　格　开本 880 毫米 × 1230 毫米　1/32
　　　　　印张 7　字数 180 千
版　　次　2025 年 2 月第 1 版
　　　　　2025 年 2 月第 1 次印刷
书　　号　ISBN 978-7-5527-0856-1
定　　价　49. 80元

愿更多的青少年读到这本书

大概用了一周时间，我陆陆续续把《脱颖而出》的初稿读完，感到欣喜。

这本书给我最大的感受就是：实用。

无论是讲方法还是说道理，都贴近青少年的学习、生活和成长。

选题的针对性强，方法易学、易用、易操作，大量生活化的案例增强了现实可行性。

由于工作的关系，我经常接触一些出版界的朋友，他们都有一个困惑，为何成人的演讲与口才方面的图书琳琅满目，而真正适合青少年阅读和学习的却很少。

我想，这本《脱颖而出》应该是开先河之作。我和作者刘仪认识多年，作为《演讲与口才》杂志的主编，他二十多年来一直致力于演讲与口才领域的学习和研究，每月阅读、修改和编辑数十万字的稿件，多次参与青少年演讲与口才夏令营的授课和培训，多次作为主评委参加全国演讲大赛。可以说，他具有深厚的理论知识，又有丰富的实践经验。

我相信，刘仪精心创作的这本心血之作，一定能对提升青少年演讲与口才能力、提升综合素养大有帮助。

口才是青少年学识、才干和智慧的重要标志，也是青少年想象力、创新力、应变力的综合表现。《演讲与口才》杂志创始人邵守义先生曾有一句名言："是人才未必有口才，有口才一定是人才。"

在越来越开放的时代，演讲与口才的能力对于一个人来说越来越重要。口才也许不是一个人成功的必要条件，但完全可以是成功的充分条件。提升青少年的公众表达能力，同时可以培养青少年的交际意识，提升思维能力和写作水平，这是带动整体综合素质的提升。《脱颖而出》这本书，可以说是为提升青少年综合素质而量身打造的。

真心希望，广大青少年能读到这本书，认真学习，必会受益，让口才为自己的理想插上腾飞的翅膀。愿越来越多的青少年成为有口才的人才，在实现人生理想的同时为中华民族伟大复兴做出应有的贡献。

中国语文报刊协会演讲与口才分会会长

北京演讲与口才学会会长　籍艳秋

愿我们都能成为那个用言语照亮他人心灵的人

在人际交往的广阔天地中，言语是沟通的桥梁，是情感的传递者，更是智慧的体现。然而，我们常常发现，并非每个人都能有效地利用这一工具。有的人言之有物，让人如沐春风；有的人则言辞空洞，令人生厌。为何会出现这样的差异？原因就在于说话的技巧。因此，学会说话的技巧，对于我们每一个人来说，都显得尤为重要。当我翻开《脱颖而出》这本书的初稿时，立刻被书中深入浅出的内容和实用的口才技巧所吸引。刘仪先生作为《演讲与口才》杂志的主编，以其丰富的经验和深厚的底蕴，编写了一本全面、实用的指导手册。这本书在无形中为广大青少年打开了与人交流、自我展示的一扇窗。

书中的每一个篇章都围绕一个核心主题展开，从基础的口才训练到高级的表达技巧，为我们搭建了一个系统的学习框架。我最喜欢的是关于“幽默”这一章。作者通过生动有趣的案例，让我深刻认识到幽默在口才表达中的重要性。一个会幽默说话的人，能够迅速拉近彼此的距离，增进友谊。适当的幽默能够打破人与人之间的隔阂，让对方感受到你的善意和真诚，有助于建立起深厚的友谊和信任关系。会幽默说话的人往往能够把话说得幽默搞笑，周围的人听到这些话，都会被他逗得哈哈大笑，从而拥有极好的人缘。良好的人际关系和口碑随着时间慢慢建立起来，成为一笔宝贵的财富。会幽默说话的人，即使遇到再大的困难，也不会消极颓唐，能够自找乐子，即使遇到很突然的事情，也能泰然处之。

通过阅读全书，我还意识到，口才不仅是说话那么简单，它更是一种综合能力的体现。一个人想要拥有良好的口才，不仅需要清晰的思维和丰富的知识储备，还需要良好的心理素质和灵活的应变能力。在阅读这本书的过程中，我们不仅可以学到实用的口才技巧，而且能在潜移默化中锻炼自己的思维能力和心理素质。

此外，书中还提到一些关于如何提升口才的实用建议。比如，要善于倾听他人的意见，尊重他人的观点；在表达时要注重语言的准确性和简洁性，避免冗长和复杂的句子；还要学会在不同的场合使用不同的表达方式，以适应不同的听众和环境。这些建议让我受益匪浅，我相信在未来的学习和生活中，我会更加注重口才的培养和锻炼。

总的来说，《脱颖而出》是一本非常实用的书籍。它为我们提供了系统的口才学习框架和实用的技巧方法，让我们在提升口才的同时也能锻炼自己的思维能力和心理素质。我强烈推荐每一位希望提升口才的青少年朋友阅读和学习这本书，让我们共同努力，学会说话的技巧，用我们的言语去温暖他人、传递正能量、建立和谐的人际关系。在人生的旅途中，愿我们都能成为用言语照亮他人心灵的人！

河北省演讲与口才学研究会会长　王俊生

目 录

1

赞美是照在人心灵上的阳光。
没有阳光，我们就不能生长。

Chapter 1

第一章

赞　美

赞美的力量

赞美是有力量的。戴尔·卡耐基说："没有什么声音比真诚的赞美更能令人振奋。"有时候，一句赞美，一句肯定，就能成为一个人改变的契机、努力的动力。

我国著名的数学家苏步青出生在贫苦的家庭，从小就在田地里劳动。村里的有钱人家请了家庭教师，苏步青有空就在窗外听听，顺手写写画画。苏步青的叔叔见他热爱学习，就劝说苏步青的爸爸，把他送到百里之外的一所学校读书。在学校的第一个学期，苏步青考了倒数第一。老师把他叫到办公室，热忱地说："你的基础没其他学生好，但你学习最勤奋、最刻苦，一定能考出好成绩。"苏步青听了，大受感动。他发愤图强，从第二学期开始，每学期都考第一。

赞美的力量，可以让人忘掉失败的伤痛，重振旗鼓；能让困境中的人振奋精神，带着信心再次出发；能挽救一个人，甚至改变一个人的一生。赞美能使柔弱的人变得强壮有力，能使遭受挫折的人恢复信心，重新来过。我们都不应该轻视它，更不能吝啬对他人的赞美。或许，我们的赞美，对于别人来说就是久旱的禾苗需要的甘霖。或许，我们的赞美，能给别人一个光明而美好的未来。这毫不夸张。

有一个穷困潦倒的青年流浪到法国巴黎，他找到父亲的一个朋友，期望能获得帮助，找一份能让自己生存下去的工作。父亲的朋友问他："你的数学怎么样？"他不好意思地摇摇头。父亲的朋友又问："那你的历史和地理怎么样？"他再次摇摇头。父亲的朋友接连地问，他的回答都是"摇头"。很显然，父亲的朋友很失望，对他说："你先把你的住址写下来吧，有合适的工作我再联系你。"他听了，羞愧地写下自己的住址，急忙转身要走。这时，父亲的朋友一把拉住了他，以赞扬的口吻说："年轻人，你的字写得很漂亮，这就是你的优点啊！你不应该只满足于找一份糊口的工作。"他怎么也没想到，写得一手好字也是优点。他许久都没有听到一句夸赞了。这一句久违的夸赞，让他高兴，也让他不再悲观失望。后来，这个贫困潦倒的青年不仅字写得更漂亮，还喜欢上了写作，写出了享誉世界的经典作品。他的名字叫大仲马。

一句赞美，改变了大仲马的人生。有人说，赞美的力量是宇宙中最神奇的能力之一。深以为然。只要愿意开口，一句赞美的话小则影响一个人的心情，中则决定一个人的选择，大则改变一个人的命运。赞美别人，仿佛暗夜里的火把，给行走的人以温暖和光明。赞美别人，仿佛波涛中的救生圈，给溺水的人以生的希望和依靠。

人的内心深处都有一份需求，那就是得到别人的尊重和肯定，得到欣赏和赞美。多去发现别人的优点和长处，及时送上真诚的赞美，让对方感受到善意的同时，也获得积极向上的力量。可谓善莫大焉！

赞美应该遵循的三个原则

做任何事情都需要遵守一定的原则，赞美他人也是一样，不是张口而出、想夸就夸的。若想赞美起到真正的作用，就应该遵循三个原则：

真诚的原则

赞美一个人，一定是你看到了他值得赞美的地方，比如身上具备的优点、所取得的成绩等。你是发自内心地欣赏，不是客套，更不是刻意讨好。这样的赞美才是真诚的。

有个人在一次活动中认识了一位作家，看到在座的人都夸赞作家的小说写得好。他根本没有看过这位作家的作品，却在敬酒的时候对作家说："您写的小说真好，我特别喜欢，读起来是爱不释手。”作家说：“谢谢抬爱，请问您最爱读的是我的哪部小说？”这一句话，把他问着了，他连面前的作家写过什么书都不知道，又怎么能答得出来呢？只能尴尬地笑笑，挠挠头说：“您这一问，我一时蒙了，有点儿断片，抱歉。”众人哈哈大笑，他一脸窘相，恨不得找个地缝钻进去。

看别人赞美作家，自己没看过作家的作品，也去赞美，结果被作家一句话问蒙了，真是自找尴尬。没有真诚的赞美是虚情假意的，不仅不能让人愉悦，反而令人生厌，给人留下心口不一、做人虚假的印象，可谓得不偿失。

恰如其分的原则

赞美的话不能说得太过，也不能说不及，过与不及都会适得其反，还不如不赞。要遵循恰如其分的原则，不过于夸大也不缩小。过分夸大就成了溜须拍马、阿谀奉承；缩小就成了贬低、瞧不起。

元旦晚会上，林颂弹奏了一首钢琴名曲，让同学们觉得惊艳，纷纷夸赞他的才艺。姜波声音最大，他说："弹得太棒了，大家听得是如痴如醉。林颂，你将来就是中国的肖邦、中国的贝多芬，我看好你！"林颂听了，不好意思地说："捧得高，摔得狠！这只是我的爱好，我对成为钢琴家没有一点儿兴趣。"

高尔基说过："过分夸奖一个人，会把他毁了。"肖邦、贝多芬都是享誉世界的钢琴家，仅仅因为演奏者在晚会上弹奏了一曲，姜波就赞美说他将来会成为肖邦、贝多芬一样的人物，这样的话一听就是假的。若被赞美者接受了，那是赞美者没有自知之明，给人一种狂妄的印象。因此，这样的赞美是不可能被人接受的。赞美一定要掌握分寸，恰如其分，否则就是谎言。

实事求是的原则

有的人为夸赞别人，净给人戴"高帽"，有的也夸，没有的也夸，喜欢"无中生有"，而不是依据事实，别人一听就感觉很假。

那天风很大，赵晗放学后看到路旁的广告牌摇摇欲坠，他一边喊一边推开身边的同学，最后同学平安无事，赵晗的左小腿被砸伤。学校广播站的张丽娜对赵晗进行了采访，把他见义勇为的事迹在学校里宣传。她在宣传时说了这样一段话："千钧一发时，赵晗没有想到自己的安危，他想到的是黄继光、邱少云、罗盛教这些在课本里出现的英雄人物，他推开同学，把危险留给自己……"同学们听到广播都笑了。赵晗听同学说了以后，对张丽娜说："我那一刻什么也没想，根本来不及多想，你还是别艺术加工了。"

虚假的赞美不会提升一个人的形象，反而会损害其形象。张丽娜为了宣传赵晗的英勇事迹，在进行艺术加工时"无中生有"，违背了实事求是的原则，明显有违逻辑，让人一听就感到虚假。这样的赞美对赵晗的英勇形象起不到正面的作用。因此，我们在赞美别人时，一定要实事求是，杜绝虚假。

赞美是对别人的尊重和欣赏，让他人的自尊心和荣誉感得到满足。前提是，我们的赞美一定要得当，遵守真诚、恰如其分、实事求是三个原则，我们说出来的赞美的语言才能让人感到愉悦和鼓舞，从而拉近彼此的距离，赢得和谐的人际关系。

赞美有技巧

每个人都需要被他人认可，从他人的赞美中得到自我价值的满足。学会夸赞别人，可以让我们的人际关系更和谐。但赞美也是有技巧的，并不是所有的赞美都会令人心花怒放。来学三个屡试不爽的夸赞小技巧吧。

抓住细节夸赞

张晨的作文在全市中学生征文比赛中获得一等奖，同学们纷纷祝贺并夸赞他。有的同学说："写得真好，太棒了。"有的夸："你太有才华了，妙笔生花啊。"同桌赵凯说："我拜读了三遍你的文章，真的是写得好，能从我们生活中司空见惯的小事中发现不寻常的道理。语言也好，像那句'别介意你身边的人不厌其烦地炫耀，也许，只有这样东西他比你好，仅此而已'。这话实在太精妙了。”听了赵凯的夸赞，张晨会心地笑了。

像“太棒了”“你真牛”这样泛泛地夸赞，虽然也是夸赞，但是容易给人敷衍和俗套的感觉。抓住细节进行夸赞，就是找到一个值得夸赞的点进行描述，让人感觉你的夸赞是心悦诚服、发自内心的。这样的夸赞才能给人留下与众不同的深刻印象。

赞一送一

亲友聚会，大家纷纷夸赞一个刚满1岁的小男孩，有人夸他眼睛大，有人夸他五官比例好，有人夸他白。孩子的爸爸妈妈听了，自然很高兴。这时，一位亲戚夸赞说：“这孩子真会长，你们两口子的优秀基因，他都继承了。”孩子的爸爸妈妈哈哈大笑。这位亲戚的夸赞就是“赞一送一”，不仅夸了孩子，还把孩子的爸爸妈妈夸了。

“赞一送一”，就是在赞美时，不仅赞一个人或者一方面，还顺带着对与他有关的人和事物给予夸赞。双倍赞美，给人双倍的快乐。当别人询问新买的衣服怎么样时，你可以说："这衣服太漂亮了，和你曼妙的身材太搭配了。"既夸了衣服漂亮，又夸了对方身材好。祝贺别人取得好成绩时，可以说："明明可以靠颜值，却偏偏要靠实力。"既夸了对方颜值高，又夸了有能力、有才华。这样的赞美，要比单一的赞美更能让人听了心情愉快，效果更显著。

比较型赞美

比较型赞美主要有两种：一种是被夸赞对象自身的比较；另一种是被夸赞对象和别人的比较。

李颖的演讲赢得同学们喝彩，辛然夸赞道："你进步太大了，以前上台演讲都紧张得结巴，现在气定神闲、挥洒自如、声情并茂，真是应了那句话'士别三日，当刮目相看'。"这是拿今天的李颖和过去的李颖相比，更能突出她的进步。

班主任王老师在班会上表扬李峰："我发现李峰做事特别认真负责，以前咱班的黑板报或多或少都有小错误，他做的这期黑板报没有一个错误，包括标点符号。希望同学们向他学习。”这是拿李峰和别人比，突出李峰的优点。

对比之下，优劣自现。比较型赞美更能突出被夸赞者的优点，让被夸赞者感受到你的夸奖是因为他确实比别人做得好，心里自然欢喜。

赞美给人肯定，给人鼓励，给人欣赏。能从别人身上发现闪光点并适当给予夸赞，这是一种高情商的表现。身边的人会因为我们的赞美变得更好，我们的人际关系也会因赞美变得更和谐。需要强调的是，无论使用什么样的赞美技巧，都必须真诚，必须实事求是，可以适度夸大，但是绝对不能夸张，否则就是阿谀奉承。

赞美的话要说到点上

俗话说："打鼓打在点上，吹笛吹在眼上。"意思是做事情要抓住关键点，才能成功。说话也是一样，要说到点上。赞美别人的话不在多，在于是不是说到了点上。

赞美别人最希望得到赞美的点

每个人都有最希望获得别人赞美的"点"，这个"点"也是他最在意的"部分"。一个成功的企业家，你赞美他赚的钱多，他听了不会有多大惊喜。如果你赞美他通过自己的努力奋斗，实现了自己的人生价值，为社会做出了贡献，那就完全不一样了。因为他渴望获得的肯定不是他赚了多少钱，而是他为社会做出的贡献。同样的道理，你赞美一个学习成绩优异的同学，赞美他总考第一，他不会太在意，类似这样的赞美他听得多了。如果你夸赞他不仅学习好，综合素质也高，还多才多艺，或者夸他责任感强、有担当，这要比夸他成绩优异更能令他高兴。

赞美别人不为人所熟知的点

有一些人的优点、闪光点，大家都能看得到，这方面的赞美也听得多了，如果你再去赞美，就了无新意，拾人牙慧，对方也不会在意。如果你能赞美他不为人所熟知的点，效果则完全不一样。

有记者采访当时正当红的球星贝克汉姆，在采访的前一天，球队输球，贝克汉姆的表现不佳被媒体批评，他心情低落。因此，对记者的采访，他也是抱敷衍的态度，不愿意多说。记者突然问了一句："听说你小时候就是一个对自己要求非常严格的人，每一次训练都要主动加练任意球，据说'球门'还是自制的，是一只旧汽车轮胎。你要求自己每天至少踢进去10个才结束，是这样的吗？"贝克汉姆听了，变得兴奋起来，开始打开"话匣子"，和记者聊起自己小时候训练的事情。

对于贝克汉姆，当时人们看到的只是他在球场上的风采，还有他高超的任意球技术，却很少有人知道他小时候为了提升球技而刻苦训练，严格要求自己。记者能挖掘出这方面的事情作为采访素材，并给予赞美，说明记者对这次采访非常用心，这份用心当然也能打动贝克汉姆。

赞美别人不为人所熟知的点之所以效果好，是因为两点：一是你的赞美与众不同，充满新鲜感；二是说明你对被赞美者是真诚的关注和用心。

赞美别人最需要得到认可的点

有的赞美是锦上添花，有的赞美是雪中送炭。锦上添花无所谓，雪中送炭最珍贵。什么样的赞美是雪中送炭呢？当然是别人最需要得到的赞美。

除了语文成绩，程诚其他科目的成绩都很好。语文成绩不好的原因在于他作文得分低。为此，他又是上作文培训班，又是坚持每天写日记，以提升自己的作文水平。有一次考试，他总分是年级第四名，语文考了 70 分。各科老师都表扬他，尽管语文成绩刚及格，语文老师也表扬了他。语文老师说："虽然和其他科比，你的语文成绩逊色不少，但是老师看到了你的进步。你的作文这次得分就不少，从最近几次作文课的作业来看，你的写作水平提升不少，继续努力，相信你的语文成绩一定能像其他科目一样优秀。"老师的话让程诚特别感动。

对于作文落分的程诚来说，他努力提升自己的作文水平，渴望自己的努力被认可、被肯定。而来自这方面的夸赞会给他鼓励和信心，无疑是雪中送炭。所以，语文老师对他的夸赞让他感动。因此，我们在赞美别人的时候，一定要看他最需要赞美的点是什么，然后再有针对性地送上赞美，这样赞美才能如雪中送炭，令人感到温暖。

说话说到节骨眼上，赞美要赞到点上，只有赞到点上的赞美话，才能让人心花怒放。

对比，让赞美的效果更好

对比，是把具有明显差异、矛盾和对立的双方安排在一起，进行对照比较的表现手法。

它能给人鲜明的差异感和强烈的感受。在赞美时，使用对比，效果就会更好。

今昔对比的赞美

在赞美一个人时，如果能把他的过去和现在作对比，彰显他积极的变化、可喜的进步，这样的赞美能让人更愉快。

林晓雯英语成绩不太理想，尽管她通过了一段时间的努力，也只考了 92 分（满分 120 分），看着身边的同学大多都考了 110 分以上，她有点泄气。令她没想到的是，英语老师公开夸赞了她："林晓雯同学这次又进步了，以前她英语考试，几乎没有考过 90 分，这次考了 92 分。我特意看了看林晓雯的试卷，发现她这次听力成绩取得了 12 分，记得以前她听力得不了几分，她自己说听力全靠蒙，现在能考 12 分，进步真是不小啊。继续加油！"听了英语老师的表扬，林晓雯失望的情绪顿时一扫而空。

看到一个人可喜的变化和进步，给予赞美等于是告诉他，他的努力和付出受到了关注，他就会得到极大的精神慰藉。拿一个人的过去和现在进行对比，从而赞美他的进步，这样的赞美就会收到很好的效果。谁不希望自己的进步被看到、被肯定呢?

抑己扬人的赞美

在赞美别人时，如果能和自己作比较，适当地抑己扬人，更能让对方感受到你对他的欣赏和肯定，也能显示你的谦虚。

当年孔子有弟子三千，其中七十二个弟子被称为贤人。在这些弟子中，大家公认最聪明的就是颜回和子贡。有一次，孔子问子贡：“你跟颜回相比，谁更优秀些？”子贡回答：“我怎么敢与颜回相比呢，颜回从老师您那里听到一个道理，就能够推知十个道理。我从老师您那里听到一个道理，不过能推知两个道理。”孔子听后，为子贡的谦逊感到非常高兴。

抑己扬人是通过“放低”自己来“抬高”别人。一个放低姿态的人是受人欢迎的，一个适当“抬高”别人的人是受人喜爱的。抑己扬人是对自己有清醒的认识，也是对别人的真诚欣赏。

群体映衬的赞美

群体映衬的赞美，顾名思义，就是用一个群体作陪衬，来赞美某个人，突出这个人与众不同的优秀。

一位同学在打篮球时，不慎摔倒在地板上，疼得惨叫。一起打篮球的同学和观众都不知道如何是好。危急时刻，林昊站出来，指挥若定，在他的一系列安排下，摔倒的同学被救护车送到医院。林昊的处理得当，受到医护人员和学校领导的表扬，同学们也纷纷夸赞林昊。郑韬说："当时我们都惊慌失措，不知道该怎么做。林昊站出来，大喊让围观的人散开，让同学打电话叫救护车，并及时制止任何人碰摔倒的同学，避免造成二次伤害。表现实在是太帅了，和乱作一团、惊慌失措的其他人相比，他简直就是指挥若定的将军。"郑韬绘声绘色的夸赞让林昊的英雄形象在同学们心目中更深刻了。

夸一个人优秀时，单说他优秀，没有多大的说服力，也不能让被夸赞者有太多惊喜和感动。如果拿一群人作映衬，来突出他的优秀，效果则完全不一样。谁不愿意做人群中的佼佼者呢？需要强调的是，在使用群体映衬时，不能贬低群体，否则就是夸奖了一个，却得罪了一群。被夸赞的人听了也不会舒服，还可能给他招来嫉妒和麻烦。

对比赞美，让被赞美的优点更突出、更清晰，简单实用，还能带给人更愉快的感受。在赞美别人时，我们不妨多运用。

2

学会安慰他人，

真诚表达你对他人的关心，

将帮助你赢得友谊和好感。

Chapter 2

第二章

安　慰

最好的安慰是引导人乐观看待糟糕的事情

有一句话是这样说的，“我们的人生不是由生命发生的事情所决定的，而是由我们看待这些事情的态度所决定的”。当别人遇到困难，遭受失败挫折，身陷困境，心情低落、沮丧时，最好的安慰就是引导他乐观积极地看待眼前所谓的糟糕的事情。

孙烁这次英语考试得了 67 分，他很沮丧。因为每次考试他都是 60 多分。他非常努力地学习英语，认为只要自己努力，就一定能提高到 80 分以上。可是经过两个多月的辛苦努力，还没突破 70 分。孙烁很失望，觉得即使自己努力，也就这样了。教英语的李老师看出了他的心思，对他说：“你不要气馁，这次你考 67 分，不能算差啊。这次试卷难度大，尤其阅读理解，得分都低。咱们班以前考试得 90 分的很多，这次就一个，说明什么？题确实太难了。如果难度像以前一样，相信你肯定能考出理想的成绩。”听完李老师的话，孙烁的心情好起来了。

孙烁只是片面地看自己的分数，觉得没有进步，为此失望、沮丧。李老师在安慰他时，引导他全面、客观地看待这次考试，分数低是因为试题难度大，和以往相比大家成绩都低。这就反衬出，孙烁能考 67 分已经是很大的进步了。这样的安慰有肯定、有鼓励，无疑会让孙烁对学好英语充满信心。悲观的人很容易被事情的表面遮蔽眼睛，看不清事情的本质和全貌，只看到不好的一面，看不到积极的因素，最好的安慰就是引导其乐观，从积极的角度看待事情，发现事情积极的一面，从而产生希望和信心。

高三开学不久，宁涛在打篮球时不慎摔倒，右小臂骨折。出院后，他戴着绷带上学，心情很糟糕，担心会影响体育测试和高考。同桌晓军关心地问他：“宁涛，胳膊还疼吗？”宁涛说：“不疼了，你说怎么这么倒霉，打了好几年球了，偏偏高三，要高考了，出事了。这是我的命吧。”晓军说：“我觉得你别这么悲观，影响学习。你要这样想，幸亏是现在摔着了，伤筋动骨一百天，离体育测试还有很长的时间，一点不影响，更不影响你高考。你现在胳膊这样子，很多事情做不了，去哪儿也都不方便，正好可以有更多的时间，可以更专心地学习，利于你提高学习成绩，这不是因祸得福吗？”宁涛笑了，他对晓军说：“谢谢你的安慰，你说得很有道理。”

突如其来的困难、挫折，让一个人心情消极、悲观，这个时候需要给他注入积极的能量，振奋其精神。老子说：“祸兮福所倚，福兮祸所伏。”消极的事情也有积极的因素，在安慰别人时，不妨积极引导他看到事情的有利因素，说出乐观积极的话语，从而鼓励对方走出心灵的阴影，拥抱阳光。

爱迪生在找到钨这种材料做灯丝之前，虽然历经成千上万次失败的实验，但是他从不气馁，从未放弃。在一次实验失败后，他的助手沮丧地说：“我们又一次失败了。”爱迪生却笑着说：“不，我们成功了，我们成功地发现了这种材料是不行的。”爱迪生这是安慰助手，也是安慰自己。

还有一件事：1912年的一天，爱迪生的实验室发生火灾，众多珍贵的资料和样品都在大火中化为灰烬。儿子查里斯担心爱迪生会难过。然而，他听见父亲平静地说道："查里斯，快把你的母亲找来，这样的大火，难得一见，不看一看太可惜了。"当看到现场的狼藉之后，爱迪生的老伴难过地哭了起来。爱迪生依然平静地说道："灾难自有灾难的价值，我所有的谬误和过失都被大火烧得一干二净了。"然后他高高地举起双手宣言道："我又可以重新开始了。"第二天，爱迪生就站在废墟上，对实验室的所有工作人员说："我们开始重建！"

这就是乐观精神、积极的思维，面对无比糟糕的事情，依然能看到积极的一面，乐观地面对挫折、厄运和不幸。如果没有乐观的精神，就不会说出积极的话语，安慰他人，就不能真正地从精神上鼓励他人振作。

乐观的精神和积极的话语是阳光，给那些身处困境、遭遇挫折的人多一些阳光吧，让他们"灿烂"起来！

安慰他人不说三种话

安慰是个技术活，同样是安慰人，有的人说完，别人心里舒服多了；有的人说完，别人心里更难受了。区别就在于，是否会说。如果你不会说，只能起反作用。

“事后诸葛亮”的话不要说

学校举行足球赛，初三（4）班因为守门员杜伟的失误，不仅没能从小组赛突围，而且成为小组赛失球最多的队伍，成绩是最后一名。队长李子沐非常难过。宋涛看他难过，安慰他说：“胜败乃兵家常事，比赛都结束了，难过也没啥意义。在组队之前我就说杜伟守门不行，心理素质太差，扑球技术一般，不适合当主力。你觉得他行，结果就是他低级失误一个又一个，导致咱们班惨败……”“你不要说了，我不想听，我想一个人静静！”李子沐没等宋涛说完，就打断了他的话。

比赛输了，作为队长的李子沐难过。宋涛安慰李子沐，这本是关心同学的表现，可是宋涛却“事后诸葛亮”，埋怨李子沐没听他的话。这样的话给人一种“我比你强”的感觉，言外之意就是如果听我的话，就不会是这样的结果。这样的安慰其实是“抬高自己”，别人正难过的时候，听到这样的话语，怎能不生气?

教训别人的话不要说

刘扬在考试中涂错了答题卡，导致英语成绩没有及格。他心里很难过，同桌林涛看他难过，就安慰他说：“没关系，吸取教训，下次考试认真点就好了。粗心，马虎，一直都是你身上的毛病，我提醒过你很多次了，你都当耳旁风，希望这次你能吃一堑长一智，不要再犯愚蠢的错误了！”刘扬听了，有些生气，不理睬林涛。

刘扬正难过的时候，需要的是开导、抚慰。林涛的安慰却充满了教训、批评的意味，刘扬不可能接受。安慰别人要考虑别人的感受，需要的是和风细雨的体贴之语，而不是粗暴的教训和批评。批评的话说得再有道理，这个时候，别人也不会接受。你的话别人听着都不顺耳，又怎能入心？

加重别人痛苦的话不要说

因为有同学没有在规定的时间内交作业，课代表孙妙妙批评了这位同学，并让这位同学自己把作业送到老师的办公室。同学不服，和孙妙妙发生了争吵，孙妙妙没控制好情绪，把同学的作业本扔在地上。班主任当众批评了孙妙妙，孙妙妙觉得很委屈，心情很低落。同桌李悦安慰她，说："每次都是他不按时交作业，作为课代表，你让他自己送到办公室，没错啊。他不听还冲你发脾气，实在气人，你控制不住情绪，扔他的作业本也是情有可原的。班主任当众批评你，有点过分了。这不是让你在同学面前丢面子吗？一点面子都不留，以后你还怎么管理同学，还有威信吗？你这课代表还怎么当呢？"李悦的话说完，孙妙妙竟然哽咽起来，显得更伤心了。

李悦是在安慰孙妙妙，理解她控制不住情绪扔作业本的行为，言辞间还有鸣不平的意思。可是他后来的话语却强调了班主任的批评让孙妙妙丢了颜面，在同学们面前没了威信，以后工作难做。无疑这是强调班主任批评的负面影响，放大了孙妙妙的担心，不仅没起到安慰的作用，反而让孙妙妙更加痛苦。

安慰他人，一定要掌握好分寸，懂得什么话该说，什么话不该说。以上三种话就是安慰他人的禁忌，如果你在安慰他人时犯了这样的毛病，不仅不会帮到别人，还会给他人造成伤害。切记！

鼓励他释放情绪

先来看一个故事：

菲丽丝是英国著名的芭蕾舞童星，戴安娜王妃曾看过她的表演，并同她合影。菲丽丝非常喜欢戴安娜，希望自己长大了也能成为像戴安娜一样的人。不幸的是，菲丽丝患了骨癌，只有截肢才能保住生命。截肢对于一个舞者来说是非常残酷的一件事，而且风险巨大，还有可能失去性命。菲丽丝决定给戴安娜写一封信，想见她一面。戴安娜收到信后，来到医院探望菲丽丝。菲丽丝看到黛安娜，非常激动。戴安娜把她紧紧地搂在怀里，轻轻地拍了拍她的背，说："孩子，我知道你一定很伤心，很难过，痛痛快快地哭吧，哭够了再说！"话音落下，菲丽丝顿时"哇"地一声哭了出来。戴安娜就一直抱着她，任凭她哭，直到她自己止住哭声。

几天后，戴安娜再次收到菲丽丝的来信，她在信中说："谢谢你，我听够了那些所谓的鼓励和安慰，比如'别难过，没准儿会出现奇迹''你是个坚强的孩子，一定要挺住，我们都在为你祈祷'，这些话好像是在鼓励和安慰我，其实却是一次又一次地提醒我：你正面临着一个大灾难，你或许无法冲过这一关……只有你，给了我真正需要的体贴和理解，写完这封信后，我就要去做手术了，谢谢你抱着我，让我痛痛快快地哭了一场，这才是我真正需要的力量。"

戴安娜只用一句"痛痛快快地哭吧，哭够了再说"，就起到巨大的安慰作用，因为这个时候菲丽丝最需要的就是痛痛快快地哭一场，释放自己压抑已久的悲伤。她之前听了太多鼓励她、要她坚强的话，内心的痛苦并不能释放。而戴安娜恰恰相反，鼓励她哭出来。这才是她最需要的。

孙萌萌的奶奶去世了，她从小跟着奶奶长大，和奶奶感情很深。奶奶入土为安后，孙萌萌常常思念奶奶，回忆和奶奶在一起的日子，越回忆越悲伤。同学们纷纷安慰她、开导她，有人说：“生老病死是自然规律，无法改变，逝去的人逝去了，活着的人应该好好活着。”有人说：“你奶奶疼你爱你，她希望你快乐、幸福，肯定不愿意看到你悲伤难过的样子，你要振作起来。”孙萌萌听了这些话语，心情并没有好转。晚自习的时候，王晓霏把孙萌萌约到操场的一角，对她说：“我知道你和奶奶感情特别深，她的离去你很难过，想哭你就哭吧，我陪着你。哭够了，哭痛快了，收拾心情，专心学习，考上理想的大学，快乐生活，这应该是对奶奶最好的祭奠，也是最好的报答。”王晓霏说完，孙萌萌就靠在她肩膀哭起来……

哭了一会儿，孙萌萌擦干眼泪，对王晓霏说：“谢谢你，现在，我心里好多了。你说得对，我不应该一直沉浸在痛苦中。”

亲人离世，那种难过和悲伤无法言表，越压抑越痛苦，越难受。安慰时不妨鼓励对方哭个痛快，让悲伤和痛苦随着眼泪释放出来，心灵的背负才会轻松一点。当一个人遇到困难、遭受不幸，内心是痛苦的，如果一味地鼓励他坚强，他反而不好意思哭出来，内心的痛苦也就无法释放。这个时候，最好的安慰就是鼓励、引导他释放自己的情绪，想哭就让他哭个痛快，最好不要说“你要坚强”“你一定能行”之类的话语。

每个人都有同他人交流的欲望和需求，尤其是遇到不顺心的事情时，内心的烦恼、委屈、悲伤需要倾诉和释放。所以，安慰别人时，不要急着给人讲道理，他没有心情听。让他合理地释放情绪、平复心情，你可以做一个耐心的倾听者和陪伴者。比起谆谆教导，他更需要人明白他的心情，懂得他的感受，给他一个可以释放的空间。

共情的话语暖人心

心理学家罗杰斯说："所谓共情能力，就是一种能设身处地体验他人处境，从而达到感受和理解他人情感的能力。"在安慰他人时，我们需要共情能力，说出共情的话语，才能真正地抚慰人心。

在一档节目中，一位叫李明远的选手因为紧张没有发挥出应有的水平，获得的分数不高。他站在舞台上难过得落泪，现场顿时安静下来。这时，主持人说："第一次登台表演，难免会有些紧张。记得我第一次主持节目时，紧张得感觉自己都拿不住话筒了，手都是颤抖的。是的，还出现了口误。走下台后，我难过地躲到卫生间掉泪。那是真的太难受了。可是又怎样呢？这只是一个成长必须经历的过程。对吧，明远，这个分数确实不理想，它不是你的真正水平。不要难过，下一轮你还有机会，好好准备。”李明远听完，止住了哭泣，对主持人鞠躬感谢道：“谢谢您，我会好好准备的。”

共情是一种能力，安慰一个哭泣的人，最好的话语不是“不要哭”，而是“如果我是你，我也会哭”。看到选手因为发挥失常、难过哭泣，主持人分享自己第一次主持节目的经历，其实是在告诉选手：我也有过这样的经历，你的心情我能理解。这就是共情。你的经历我曾经历，你的感受我也曾有过。当我们去理解他人的感受，而后有意识地说出共情的语言，就能给人的心灵以温暖的抚慰。

学校举行“古诗词大会”，有个初二的小女孩，因为将孟浩然和王维的诗记混而难过地哭起来。一位评委老师上前蹲下，对她说：“孩子，你已经很厉害了！这么小的年纪，这么自信地站在台上和大哥哥大姐姐同场竞技。试问，我们在场的所有人，13 岁的时候是不是能记得这么多古诗词，是不是敢上台，当着这么多人表现得像她一样优秀？我觉得我不能。所以，请大家给她一些掌声。”评委老师的话赢得现场观众的掌声，小女孩在掌声中擦干了眼泪。

当我们评判别人的时候，应该先问问自己：如果是我，我是否能做得更好？这样就能理解他人的不易了。评委老师安慰小女孩，问现场观众，也是问自己，像这样的年龄能有这样的表现吗？他的话能引起观众扪心自问，也能引起共鸣。这样就能为小女孩赢得赞许的掌声。

要想说出共情的话语，首先就需要换位思考，真正地体会他人的感受。

拿破仑·希尔说：“懂得换位思考，能真正地站在他人的立场上看待问题、考虑问题，并能切实帮助他人解决问题，这个世界就是你的。”那些让你感到相处融洽、舒服的朋友，可能并非有多健谈，但一定有很强的共情力。

在安慰他人时，绝大多数人都会犯一个错误——只强调自己关切的，忽视对方所关切的，从而安慰成了“自说自话”。被安慰者也就感觉不到关心，更无法在感情上产生共鸣。其实，我们每个人都具有共情能力，比如看电影，我们都会代入人物角色的状态里，同他一起喜怒哀乐。只是很多人在现实生活中与人沟通时，忘记了运用这种能力。

安慰他人，多说共情的话，意味着你的理解，理解他的处境、感受，意味着你感同身受。只有共情了，两颗心的距离才能拉近，你的安慰才能起到应有的作用。

为什么你的安慰反而让人更悲伤了

经常会有这样的情况：明明你的本意是想安慰别人，结果却适得其反，搞得对方更悲伤了。为什么？问题的关键在于你没有采取正确的安慰方式。有时候，不恰当的安慰，就是火上浇油。那么，生活中有哪些行为不仅达不到安慰别人的效果，反而还会给对方带来伤害呢？

同情式安慰

同情不等于共情。热播剧《欢乐颂》里有一个细节就能充分说明同情和共情的不同。当时，邱莹莹失恋了，曲筱绡安慰说："你真倒霉，又被男人甩了，不过这样的渣男不要也罢。"这种安慰最多算是同情，邱莹莹听完之后哭得更厉害了。而关关是怎么安慰的呢？她说："没关系，你哭吧，我在你身边。”邱莹莹听后，情绪才慢慢缓解，因为关关的安慰就是共情。

共情指的是能设身处地体验他人的处境，对他人的情绪情感具备感受力和理解力。而同情是一种上对下的不平等情感，会让对方觉得矮你一截。大家不妨试想一下，对方心情很差的时候，如果你说“天哪，那你也太倒霉了吧”或者“那你太惨了，我好同情你”这种似乎善良的话，是不是又往对方的心口插了一刀？没有人希望自己被同情，因为那意味着“自己的境遇比他还糟糕”，谁愿意当那个糟糕的倒霉蛋呢？

说教式安慰

同学侯瑞因为跟妈妈拌嘴了，心情本就不好，然后恰巧遇到要做紧急作业而找不到作业本的状况，于是一气之下，把书包摔在地上。这时候，周凯过来安慰道：“这是干什么，咱们都不是三岁小孩了，总不能碰到一点点问题立刻就发火吧，你看，把书包摔了，还是没能解决问题嘛。所以啊，凡事第一时间要想怎么解决问题，而不是抱怨问题。”侯瑞瞟了他一眼，没理会。这时候，站在一旁的李刚走过来，对侯瑞说：“先消消气，有什么需要帮忙的尽管说。要是心情不好，放学了我请你吃冰淇淋去。”侯瑞一听，心里舒服多了。

周凯的安慰属于说教式安慰。这种安慰最大的特点是将自己化身为思想委员或教导主任，只想表达自己的想法和观点，全然不把对方的感受当回事。而李刚的安慰则是陪他“看见自己”，告诉他“我接纳你”，陪他“看见天地”“看见众生”，告诉他“我们一起做点什么吧”。这样的安慰，自然让对方舒服多了。很多时候，悲伤者需要的安慰，并不是你的建议或者解决方案，而是你的共情，是你的理解、认同和接纳。

否定式安慰

在2019国际泳联世锦赛上，傅园慧100米仰泳预赛出局了。这时，很多网友安慰她，比如“这有什么大不了的！”“输就输了，别想得太多了。”“你要坚强一点，振作起来！”“为这样的事难过，真不值得！”“别想了，想也没有用！”这些话看似是安慰和鼓励，带给对方的其实是一种被否定的感觉——否定的并不是对方这个人，而是对方的负面情绪。后来，傅园慧的爸爸在网上安慰女儿：“一场比赛算不了什么，带着一身伤病还在努力训练的你是值得被尊重的。”后来傅园慧坦言，爸爸的话是她今后最重要的力量源泉。

否定式安慰，只会让对方觉得一切都是自己的问题，认为自己搞砸了一切而愈发自卑。遗憾的是，这种安慰方式在生活中非常常见，因为大多数人在面对他人的负面情绪时，尤其是在对方难过自己却无能为力时，会选择性忽视，也让对方不要过分在意。所以，否定式安慰的本质是否定对方的感受，同时传递了另一层意思——“你别再说下去了”，这其实是在逃避。这样的安慰对当事人来说，无疑是雪上加霜，加倍受伤。

鸡汤式安慰

很久以前，一位老爷爷失去了挚爱的妻子，他每天都闷在屋里伤心难过，善良的邻居对他各种安慰，“想开点，一切都会好起来的”“当初我比你更惨，后来我也熬过来了”“我能理解你”，可是都无济于事。忽然有一天，一个四岁的小男孩在老爷爷的屋里待了很久，然后奇迹般地，老爷爷和小男孩一起走出了房间，开始和邻居们交谈。所有人都很好奇，问小男孩：“你说了什么安慰爷爷的话？”小男孩说：“我也没说什么，我只是爬到爷爷怀里，说和他一起哭。”

不得不说，这个小男孩太治愈了，他安慰老爷爷的方式就是典型的“情感共振”式安慰。“心灵鸡汤”听起来岁月静好，其实不痛不痒毫无用处。所以，邻居们的“安慰”，都会让当事人产生“你不是我，你怎知我的苦”的委屈感。对方的情绪还未得到合理宣泄，就被你的“鸡汤式安慰”再次堵住。虽然你的初心是不想对方难过，但是你这样做就像一个还没完全搞明白患者病症就开方抓药的糊涂大夫。虽然是好心，但是你的真诚，对方真的感受不到。

真正的安慰，必须建立在共情的前提下，理解对方的痛苦和悲伤，然后用真诚、柔软以及耐心接纳他、陪伴他、温暖他，这才能达到情感共振，这样的安慰才能疗愈人心。

3

不要以为几句鼓励的话微不足道，

其实它的作用不可估量。

Chapter 3

第三章

鼓　励

鼓励的话要说到心坎上

在人生的道路上，每个人都会遇到失败、挫折，身处困境，从而情绪低落，悲观失望。这时，最需要的是别人的鼓励。来自外界的鼓励能给他信心，令他振作。然而，鼓励不是简单地说“加油，你一定可以的”这样的口号，而是要说到对方的心坎上，这样才能真正地起到抚慰心灵、振作精神的作用。

解其难点

高璐在学校举行的演讲比赛中没能进入最后的决赛，她对自己非常失望，因为她平时喜欢演讲，也为这次比赛做了很多准备。这样的结果令其无法接受。同桌蒋雯雯对她说：“这次没有进入决赛，我觉得主要原因是你的演讲稿写得不是太出彩，故事不能打动人。你看，你的声音、形象、气质都是很好的，只要把演讲稿打造好，一定能取得好成绩。下次再有比赛，你好好写写演讲稿，再找写作水平好的同学，或者请语文老师给润色一下，就可以了。”高路听了，觉得蒋雯雯说得对，她的心情好多了。

蒋雯雯在鼓励高璐的时候，找到其没能进入决赛的原因——演讲稿不出彩，并提出建议，以后写演讲稿，请老师和同学给予帮助。这就是帮助高璐解决了“难点”，让她知道下一次比赛该怎么做，就不会再沉溺于这次失败的痛苦中。一个人遭受挫折、失败，一定是他不知道怎么面对，不知道怎么解决所遇到的问题，以至于灰心丧气。如果在鼓励他的时候，找到他的难点，给予适当的帮助或者合理可行的建议，就能令其振作。

找其在意点

张萌萌的外婆去世了，她小时候是和外婆生活在一起的，和外婆的感情很深。可是，她连外婆最后一面都没见到。为了不耽误她学习，爸爸妈妈都没有告诉她外婆生病住院的消息。外婆去世两周了，张萌萌依然沉浸在痛苦中不能自拔。班主任杨老师做她的思想工作，问她：“你的外婆是不是特别疼爱你？”张萌萌说：“是的，她是这个世界上最疼我的人。”杨老师说：“她那么疼爱你，是不是希望你每天都开开心心、高高兴兴的，不愿意看到你伤心、难过？”张萌萌点头不语。杨老师继续说：“如果你的外婆泉下有知，知道你现在为她而伤心、难过，影响了学习，你外婆会含笑九泉吗？你只有快乐生活、健康成长，才是对外婆最好的报答啊。”张萌萌听了，点了点头，她知道自己该怎么做了。

张萌萌和外婆感情好，外婆离世她很痛苦。这是她的“在意点”，杨老师的话就抓着这一点，让她明白外婆不希望看到她难过和悲伤。有些道理很简单，可是因为当事人被痛苦遮蔽了心灵，就忘记了、忽略了。在鼓励的时候，不妨看其最在意什么，将此作为切入口，进行点醒。这样的鼓励更多的是心灵的疏导。

赞其优点

柳眉应聘校广播站的播音员，结果失败了，她异常失望，情绪低落，学习都受到了影响。好朋友宋燕开导、鼓励她，说：“你是不是觉得当播音员才能证明你优秀，其他都不行？”柳眉说：“那倒不是。”宋燕说：“对啊，你还有很多能做好的事情，暂时没机会当播音员，不能把自己所有能做好的事情耽误了。比如你文笔好，老师经常拿你的作文当范文，你可以加入咱们学校的文学社，或者给学校校报投稿，让更多的同学知道你很优秀、有才华。你为错过当播音员而难过，还要错过你在写作上发光的机会吗？”柳眉听了，顿时有了精神。

一个人的优点和长处是他值得骄傲和自豪的地方。如果留心，你会发现，在与人沟通中，只要说对方的优点，他就会得意、兴奋、精神焕发。在鼓励别人时，我们也应该找到对方的优点，给予赞美，令其找到自信。

用心，用情，把鼓励的话说到别人的心坎上，才能让人重整旗鼓、焕发精神、昂首阔步。

他们的鼓励为何没有起作用

鼓励别人，是为人加油助力，令其精神振奋、积极向上。可是，有的鼓励却起不到作用，这是为什么呢？

不走心的套话

萧华的期中考试成绩没能进入前十名，一向成绩优异的他有点沮丧，中午饭都没有吃，躺在宿舍的床上叹气。舍友李斌看到了，对他说："胜败乃兵家常事，只要努力，就一定能考出好成绩。加油！别泄气！我看好你！"萧华听了，淡然地说了一句"谢谢"，依然没有去吃饭，躺在床上，继续着他的沮丧。

李斌是在鼓励萧华，但是那些鼓励的话都是套话、场面话，根本没有走心，怎么能让人听了深受鼓舞呢？如果李斌能坐下和萧华认真地聊一聊，听他说说各科的分数、哪一门考得不好、原因在哪里，然后再有针对性地进行鼓励，效果就会不一样。套话、场面话谁都会说，但对于鼓励别人来说，那就是毫无意义的废话。

不切实际的话

苏岳从上幼儿园开始就学习弹钢琴，一直坚持，就算学习再忙，他每天至少也要弹上一个小时。可是，在学校举行的元旦晚会上，他上台表演，为唱歌的同学伴奏，却出现失误。这让他非常难过。好朋友程飞鼓励他，说："一次失误而已，谁还没有过失误？避免不了。你弹得好，大家都知道。相信你自己，说不定以后你就是下一个郎朗，甚至下一个肖邦，将来我找你签名的时候你可别拒绝。"听完程飞的话，苏岳摇摇头，沉默不语。

鼓励别人，说话要实事求是，不要说好高骛远、不切实际的话。程飞鼓励苏岳，说他能成为下一个朗朗，甚至下一个肖邦，估计他自己都不会相信。这样不切实际的话听上去像调侃，像开玩笑。在别人失望、难过的时候说这样的话，是不可能起到鼓励作用的。

让人逆反的话

桃桃有点自卑，她认为自己的家庭经济情况不好，不能和同学比，也怕同学们看不起她。所以，她很少和同学有交往。大家都是三五成群，只有她常常是形单影只，同桌李娟是她在班里唯一的好朋友。李娟想鼓励她走出自我封闭的小圈子，和大家多交流，对她说："你怕什么？谁瞧不起你了？是你自己太敏感，想多了！只要你主动融入大家，就不会孤单。我建议你丢掉那点可怜的自尊心，做个开朗、大方的女孩，大家才会喜欢你。"听了李娟的话，桃桃委屈得掉下眼泪。

同样是风，寒风让人觉得冷，春风让人觉得暖。话语也一样。很多人鼓励别人喜欢从反面入手，说话批评的意味浓。这样的话语就是寒风，让人听了觉得"冷"，有逆反心理，不仅起不到鼓舞人心的作用，反而伤了人心。鼓励别人不能“站着说话不腰疼”，也不能“恨铁不成钢”，要多说积极、阳光的话语，犹如春风扑面，让人感觉到温暖。

事情有好坏，但话总可以积极地说

生活中的每一天都会有事情发生，这些事情不可能全是好事，也不可能全是坏事。无论好事还是坏事，说起来都要保持积极向上的精神。

刘轩参加演讲比赛，没有获得好名次。父亲刘墉看到他垂头丧气，问他："你是真输了，还是没有赢？"刘轩不解地问："这有什么区别？"刘墉没有回答，而是问道："下周的另一场比赛你还打算参加吗？"刘轩十分坚决地说："要参加。"刘墉说："那么你今天不是真输，而是没有赢，相反如果你失去了再战斗的勇气，那就是真的输了。在人生的战场上，我们要有跌倒之后再爬起来的勇气，从被打倒的那一刻起就开始新一波的奋斗，不允许自己悲观，那么我们就不是彻底的输，只是暂时的'没有赢'

而已。”听了父亲的话，刘轩对下一场比赛充满信心。

“没有赢”和“输”是完全不同的。遭遇失败就灰心丧气、选择放弃，那是真的输了，而依然保持勇气和信心并为之努力，就是暂时没有赢。刘墉着眼未来，转换视角，一番话语积极向上，充满乐观精神，也充满鼓励，让刘轩振作精神、重新来过。这就是典型的“坏事”变“好事”，让刘轩因为一次失败而懂得了人生的道理，也经受了人生中一次小小的考验。

苏晓梅这次英语考试又不及格，心里很难过，平时放学她都和李婷一起回家，可她觉得李婷英语成绩那么好，自己和她在一起有点尴尬，这次就没和李婷一起。李婷看破了她的心思，问她：“你是不是因为英语成绩的事，不高兴了？”苏晓梅不好意思承认，慌忙说：“没有……没有。”李婷说：“如果真的没有因为成绩的事而不高兴就好。说句实在话，虽然你没有考及格，但我觉得你的进步已经很了不起了，你想想上次月考，你考多少分，才 72 分，这次考多少？85 分，差 5 分就及格了。上次考试听力部分你根本没得几分，这次得了 15 分，这进步可不是一星半点儿。照这样努力下去，及格算什么，考 100 多分都不成问题。”听了李婷这一番话，苏晓梅抬起头，说：“谢谢你的鼓励，你这么一说，我心里好多了。”

李婷的话为何起到作用？在于她的话语是积极的，虽然苏晓梅没考及格，但是她具体地说出了苏晓梅的进步。自己的努力和进步被别人看到，本身就有一种极大的肯定作用。生活中，那些看起来糟糕的事情，也藏着积极的因素，只要你肯发现和挖掘，就能说出积极的话语，去鼓励人，催人奋进。

在中考百日誓师大会上，同学们都要说出自己的目标学校。丁磊当众喊出自己的目标学校：市实验中学。事后，有同学嘲笑他，说他吹牛。还有人说：“到时候考不上，打自己的脸，多尴尬！”听了同学们对自己的议论，丁磊情绪低落，上课无精打采。班主任李老师知道后问丁磊：“一个人是不是应该具有更高的追求？”丁磊说："是。"李老师说："你把市实验中学当成自己的目标校，这就是有更高的追求。对自己有更高的要求，这是优秀的表现，何必在意别人说什么呢？"丁磊说："同学们说我'吹牛'，我特别生气。"李老师说："说你吹牛的只是极个别同学，或许他们也只是开玩笑。但老师相信你，会为了实现自己的理想而更加努力。就算真的有人觉得你是'吹牛'，那你把它当作动力，努力学习，证明给别人看。加油！"有了李老师的鼓励，丁磊再也不在意别人怎么说了。

面对别人负面的评价，当事者难免生气，甚至做出过度的反应。这个时候，当事者要积极地从正面引导，多看正面的评价，忽略负面的中伤。积极的话会引导处在迷茫和痛苦中的人从阴影中走出来，会成为在黑暗中行走者的指路明灯。

无论面对什么样的事情，都要保持乐观豁达的精神，说积极的话，鼓励别人，也提醒自己。

激励的话不用多好听，有用就行

热播剧《三体》中，由于几名科学家的自杀事件跟“科学边界”这个组织有关，代表军方的常伟思将军派史强找来同样被这个组织盯上的科学家汪淼参加会议。在会议室里，常伟思请求汪淼潜入这个组织，并说：“汪教授，我们希望通过你这个渠道，得到一些这个组织的内部信息。”汪淼不想做这样的卧底，拒绝说：“我……工作很忙，也没有时间。”说完，汪淼觉得自己不适合留在这里，就起身准备离开会议室。这时，史强却在后面大声对常伟思说：“这样挺好，这个计划压根儿就不该进行。已经有这么多书呆子死了，让他去，不也是‘肉包子打狗’吗？”汪淼被史强这么一激，情绪非常激动，觉得史强小看了自己，最终接受了这个邀请。

史强说的这一番伤人的话，其实是对汪淼的一种激励，这种激励不是正向激励，而是反向激励，也就是利用别人的自尊心和逆反心理积极的一面，以“刺激”的方式，激起对方不服输情绪，将其潜能发挥出来，从而得到不同寻常的说服效果。也就是说，用你不喜欢的方式，也能说服你。现实生活中，运用刺激性的话或反话让人去做某事，是一种很好的激励手段。

1946 年，汪曾祺由昆明回到上海。战后的上海遍地疮痍、经济萧条，汪曾祺到处求职不禄，生活无着，心情极坏，甚至想跳黄浦江自杀。他写信给在北平的沈从文，哭诉自己的遭遇。没想到的是，一向从容谦抑、温柔敦厚的沈从文读完信后，即刻写了一封回信，信中所说却是从未有过的严厉，写道：“为了一时的困难，就这样哭哭啼啼的，甚至想到要自杀，真是没出息！你手中有一支笔，怕什么！”这一番批评，让汪曾祺的内心受到非常大的震动，最终，他改变心态，努力进行文学创作，成为一位非常优秀的作家。

要用好反向激励，就要有意识地直接或间接地向对方表达诸如怀疑、否定之类的信息，来适度地刺激他的自尊心，使他从内心产生一种保持自尊的强烈意念，驱动他用自己的富有积极性和创造性的行动来否定外来的负面信息。这样的刺激，可以促使他们开始反思、改正自己，从此奋发图强、迎难而上，最终走出低谷，走向属于自己的成功。

2008年，湖人队在总决赛里输给了凯尔特人队，湖人队的两位明星球员科比和加索尔都很沮丧。不过，之后在北京奥运会的赛场上，科比所率领的美国队夺得金牌，多少给了他一点慰藉。只是，他们在决赛中击败的恰恰是加索尔领衔的西班牙队。之后的美国职业篮球新赛季开始之前，科比把奥运金牌挂在了更衣室里加索尔的柜子上面，对他说："很难受吧，兄弟，你输掉了总决赛又输掉了奥运会。要记着这种感觉，我们就不要再经历了。"事实证明，科比的话语激励了加索尔，他非常努力地训练，在赛场上表现出的强硬和必胜决心也远超以往。接下来的两个赛季，加索尔和科比一起为球队赢得了两个总冠军。

科比用自己胜利的金牌去刺激失败的加索尔，让他铭记失败的痛苦，话语不中听，却是一种很好的激励。这能激发人的自尊心和荣誉感，从而充满斗志。科比曾经说过："我认为伟大的定义就是能激励你身边的人，这就是伟大的样子，或者说该有的样子。"一个人能激励别人，他不一定就是伟大的人，但至少激励本身就是一种伟大的行为。

当然，激励方式要因人而异。若一个人性格内向、自尊心过强且心灵脆弱，就应该用正向激励。若一个人好胜、好强，有上进心和野心，就不妨反向激励，因为请将不如激将，反向激励往往更能说服人。

鼓励出奇迹

陈明和王小强一起参加学校举办的题为“农村之美”的作文比赛。出乎意料的是，平常写作能力并不突出的陈明获得了一等奖，而经常在报刊发表文章的王小强则屈居亚军。王小强感到很失望，闷闷不乐地回到了教室。陈明见状，过来对他说：“这次获奖，只能说我很幸运。我是农村长大的，这次作文的命题是我擅长写的题材。要是写别的作文，你肯定就比我强了。因为我的写作水平肯定不如你，你的构思、语言、心理描写等很多方面都值得我学习。”王小强听后，忙说：“不，你写的那篇文章确实很有特点，理应获奖。”

面对心情低落的王小强，陈明主动示弱，强调对方的写作水平比自己高，这次自己只是占了客观因素的便宜。

这样的安慰，让王小强觉得这次的比赛失败是可以接受的，最终走出痛苦困境。同学们，当别人遭受痛苦和失败后，我们最好的安慰是带有鼓励性的，要善于挖掘对方的优点和强项，让他看到自己是优秀的。我们要指出失败是暂时的，一时的失败不能代表什么，以后，如果他能发挥优势，就能够取得更多、更大的成功。

澳大利亚著名的励志演讲家尼克·胡哲，一出生就没有四肢。到了该上学的年龄，父母做出一个出人意料的决定，把他送进了一所普通小学就读，而不是去特殊学校。生活中的困难并没有吓倒尼克，他乐观、自信、开朗，把嘲笑他的同学都变成好朋友，初中的时候，他还竞选成为学生会主席。19 岁的时候，尼克打电话向很多学校推销自己的励志演讲，以鼓舞更多的人。但一次次被拒绝，他有些沮丧。父亲鼓励他，说："你知道你小时候要站起来，经历了多少次摔倒吗？你都没有害怕，最终你艰难地站立起来。你没有四肢，但别人能做的很多事情，你一样能做，在这个过程中你失败过多少次？无数次！爸爸妈妈一直为你的勇敢而骄傲。你的勇敢消失了吗？"

父亲的话让尼克精神振奋。他继续推销自己的演讲。后来，尼克走遍全球70多个国家，在全球举办了1600多场演讲，还出版了多本励志书籍，堪称奇迹。

父亲用尼克自己曾经的勇敢和坚强来鼓励尼克，让他知道自己是一个多么勇敢的人，激发他前进的勇气和未来的自信，最终让他从痛苦的沼泽中走出来，创造了一个奇迹。在生活中，当别人遭遇失败、挫折时，我们也可以举一些对方曾经做过的引以为傲的事情，来鼓励他重拾信心。这样的鼓励能给人加油打气，让人自信、看到希望。

著名人际关系大师卡耐基，很小的时候，母亲就去世了。他的父亲也不疼爱他。卡耐基觉得自己是一个没人疼也没有前途的孩子，便自暴自弃，做一些出格的事情。在继母进门的第一天，父亲就指着卡耐基对她说："他可是全镇最坏的孩子，你以后可得提防着。"继母走到卡耐基面前，温柔地抚摸着他的头，说道："他怎么会是坏孩子呢？我看他应该是全镇最快乐、最聪明的孩子！只不过，他还没找到发泄热情的地方。一旦找到，他一定会爆发出惊人的能量，成为一个了不起的人。”继母的鼓励和赞赏，就像一颗种子，在卡耐基心里生根发芽，并且开出了美丽的花朵。

对于一个情绪极度低落的人来说，最好的安慰是给他一个希望。就像卡耐基的继母那样，她的赞赏式鼓励给了卡耐基强大的精神力量，鼓励他奋勇向前。在生活中，我们要鼓励困境中的人时，只要给予赞赏，激发他奋进的信念，就会产生惊人的效应，从而带来惊人的改变。

当他人遭遇痛苦和失败时，我们要懂得巧妙地鼓励对方，帮助对方走出痛苦的沼泽、失败的阴影，然后积极面对、努力进取。我们也会赢得别人的感激和友谊。

努力的模样

◎宋 暖

同学们，大家好！

世界上有两种光芒最耀眼，一种是太阳的光芒，一种是我们努力的模样。

课堂上你认真听讲，目不转睛，用心思考的模样就是努力的模样；自习课上，你一遍又一遍地计算着难题，时而眉头紧锁，时而笑逐颜开，那就是努力的模样；操场上你全力奔跑，为提升体测成绩而不肯松懈，那湿漉漉的发梢，那贴在额头的刘海就是努力的模样。

曾经感动网友的湖北宜昌的小女孩柯恩雅，她在父母卖卤菜的案架下学习，网友说："你努力的样子真美。"河南郑州，一个在学校门口等父母来接他放学的学生，蹲在地上做起作业，他努力的模样真美；山东济宁，孔同学在考研前夕，收到了学妹递来的一张纸条。纸条上写着："每天早上都看到你早早地来这里背书，你努力的样子真的很美。无论发生什么，都不要放弃自己的梦想。送你两颗糖果，希望能给你这段苦日子带来一丝甜。"曾夺得第三季《中国诗词大会》冠军的雷海为是一个外卖小哥。他利用休息时间背诵古

诗词，等电梯的时间，都是他学习诗词的好机会。古诗词成为他平凡人生里最亮的一抹色彩，而他努力的模样也感动了千万人。再平凡的生命，也有权利去追寻不平凡的光芒，只要足够努力，足够坚持。

一个人，成功从来都不容易。喷泉之所以美丽，是因为它有压力；瀑布之所以壮观，是因为它没有退路；滴水之所以穿石，是因为它持之以恒。一个人努力，很辛苦，可能还很狼狈，但那模样最美。

努力，无论多难，也要告诉自己坚持。哪怕每天进步一点点，也比原地不动强上百倍。一个攀登者，最美的模样不是在他站在山顶欢呼雀跃时，而是在他一步一步艰难攀登时。看过一个视频：一个考上北京大学的女生，接到录取通知书的时候，她和爸爸妈妈都很淡定，只是比平常多了些许的喜悦之情。当他们坐下来，看着爸爸手机里拍的一张张她挑灯夜战、努力备考的照片时，女生潸然泪下。女孩说：“这是生命中发光的时刻。”是的，我们每个人努力的时刻就是发光的时刻，它会照亮我们的人生路。

努力的模样最美，加油！同学们！

谢谢！

少年经不得顺境

◎古 夕

同学们，早上好！

曾国藩有一句名言：“少年经不得顺境。”而唐代伟大的现实主义诗人白居易的少年经历，正是对这句话最好的注解。

白居易出生的时候，正赶上“安史之乱”后藩镇割据的乱局，一家人颠沛流离分居五处，过了很长一段时间穷困潦倒的生活。

他在给好友元稹的信中，详细回忆了自己年少苦读的经历：“我白天写赋，晚上读经，中间还要学诗，不敢有一丝懈怠；而且常常读书读到嘴边上、舌头上都长了疮；写字写到胳膊肘上、手心里都长了老茧；年纪轻轻，头发都白了；以至于成年以后，身体都要比同龄人衰弱一些。”但是，白居易没有被苦难打倒，从小便立下“兼济天下”的志向，刻苦攻读。

古人云：“艰难困苦，玉汝于成。”对于少年时期的孩子来说，吃苦是最好的大学。正是在那样艰苦的成长环境中，白居易像一块璞玉，被磨砺得越发光彩夺目。白居易三岁识

字，五岁学诗，十来岁已是文采斐然，我们从小就会背诵的那首《草》，就是他十六岁时所作。

著名武侠小说家古龙说过：“一个人在少年得意，未必是福，而少年时的折磨，却往往使得日后能有更大的成就。一块美玉，不经琢磨，不能成器，人之一生，何尝不是如此？”

少年经不得顺境，经不得安逸舒适，“不经一番寒彻骨，怎得梅花扑鼻香？”梁启超在《少年中国说》中写道：“少年智则国智，少年富则国富，少年强则国强。”一个人如果在少年时期，沉湎于玩乐，不敢面对生活的挑战，那么他的人生必定无所作为，更别说以后要肩负起家庭、社会乃至国家的责任了。

志当存高远。身处逆境、困境，拒绝颓废，踔厉奋发，勇毅前行，奔跑在人生路上，才能看到更多的风景；不懒散懈怠，洒下你的汗水，明天收获的将是希望！

谢谢大家！

是谁偷走了他们的青春

◎宋 暖

各位同学，你们好！

我想先问大家一个问题："你们见过你们的爸爸妈妈年轻时候的样子吗？或者说，你们还记得爸爸妈妈年轻时候的样子吗？"

上周日，我在家里翻到一本旧相册，相册里有一位风度翩翩、剑眉朗月的美男子，还有一个亭亭玉立、明眸皓齿的大美人。我真的不敢相信，那是我的爸爸和妈妈。因为照片中的他们和现实中的他们太不一样了。

看看照片，再看看眼前的爸爸妈妈，我更深刻地体会到什么是"年华已逝"。他们美丽的青春年华去哪里了？

曾看过一段话："你的母亲也曾是个花季少女，对镜帖花黄；你的父亲也曾是个怀揣梦想，梦想'鲜衣怒马'的少年，他们因为有了你，便只剩下对你的关心。"

我从小就觉得妈妈是这个世界上最心灵手巧的人，什么好吃的她都会做，把家里收拾得干干净净，打理得井井有条，她知道好多好多的故事，伴我度过无数个怕黑不敢睡的夜晚。我难过时哭着找她，却没想过这个被我依恋的人也曾

是个小姑娘，怕黑、爱哭鼻子、柔弱得像花。什么让她变得强大？是岁月，还是爱？

在我心里，我爸是这个世界上最勇敢最能干的人，我发热的时候，哪怕是漆黑的风雨夜，他都可以抱着我冲进雨中，深一脚浅一脚地奔向医院；从幼儿园到现在，每天都是他送我、接我，从来没有一次迟到，他的自行车后座是我最安全的港湾。看着他宽厚的后背，我永远都觉得踏实。

我想，你们的爸爸妈妈也一样。真的很难想象，他成为爸爸，她成为妈妈，付出了多大的代价，也永远想不到他们的爱，有多么的勇敢和无悔。偷走爸爸妈妈青春的从来都不是时间，而是我们。

或许你讨厌过爸妈没有给你一个值得回忆的童年，却没有想过他们的童年比你的还糟，他们给你的已经是最好的了。

或许你讨厌过爸爸妈妈的唠叨，却没想过，那一句句的唠叨背后都是这世上最独特最不可替代的牵挂。

愿这世界的温柔给爸爸一份，给妈妈一份，原谅我们有时不够懂事，时常是那个让他们不省心的人。愿从今天起，我们能好一点，再好一点，让他们能多一些欣慰，多些许骄傲。

谢谢！

苔花也学牡丹开

◎吴 山

亲爱的同学们，大家好！

我们应该都见过苔花，在墙角的阴湿处，无人在意的地方，它依然盛开着。

我是观察过苔花的，所以，我发现了它的美。就在咱们宿舍楼的后面，一排苔花现在开得正好。我希望大家放学后，可以去欣赏！

我是心情不好的时候发现苔花的。那天，我为自己落选学校文艺宣传团而难过。我接受这个结果，入选的同学有跳舞比我好的，有弹琴比我棒的，有歌声比我动听的，有画画比我强的，和他们比，我只有满腔热情。满腔热情最终换来满腹失落。为什么别人都那么优秀，而我就像一只丑小鸭，还是只有点自不量力的丑小鸭呢？

我一个人来到宿舍后面，想收拾自己的心情。突然，那一朵朵苔花映入我的眼帘。我惊诧于在这种无人在意的地方竟然有花儿肆意地绽放。花儿如米粒般大小，这应该是世界上最小的花儿之一，如果只是单纯的一朵，我们可能都难以发现。但这丝毫不影响它开放的姿态。小小的苔花，它顽强地生长，用

有限的生命展现出无限的风采。苔花如此微小，但精神气质上不输任何一种花。记得清代诗人袁枚有一首名叫《苔》的诗：白日不到处，青春恰自来。苔花如米小，也学牡丹开。

苔花不因自己的微小而轻视自己，不为无人喝彩而失落，不为在世人眼里没有牡丹美而自卑。它保持着自信、自强、昂扬向上的精神。苔花也学牡丹开！这是斗志昂扬的自信，这是生命澎湃不息的活力，这是不甘平庸的信念，这是自强不息的坚韧品格！

很庆幸，我在失落的时候看到了苔花。我不再为自己的落选而失落而自卑！

每一朵花都有它存在的意义，每一朵花都有它的快乐，不管有没有人关注它。就像很多平凡的人，也在默默地发着光亮，也有自我价值，也有自己的小确幸。

世界上没有完全相同的两个人，我们每个人生来都是独特的。你无法模仿别人，别人也不能复制你。相信，我们每个人也都有自己独特的美！我们每个人都不应该轻视自己，都应该努力向上，怡然自得于自己的美，哪怕无人在意，也要努力绽放。

同学们！去绽放吧！相信你有自己的美！

对了，放学后，别忘记去宿舍楼后面，去欣赏苔花！相信，你一定不会失望！

谢谢大家！

用时间积淀青春之美

◎陆廖风

同学们：

你觉得我们可以用“青春”来形容吗？二十多岁的青年呢？六七十岁的老人呢？你不禁要问，青春与时间是一种怎样的关系？这就是我今天要演讲的题目——用时间积淀青春之美。

有人说，暮年怎能算青春？也有人说，青春与时间没有绝对的关系。但我要说，青春不受限于时间，而恰好是时间，积淀了青春之美。正如海塞所说：“不管有了成就也好，有了虚荣心也好；不管是嘲讽别人也好，自我痛苦也好，总之，在欢乐与悲伤中，温暖的青春光辉仍然在照耀着我。”时间，正是贮藏青春的宝盒；时间，恰恰积淀了青春之美。

我们现在所过的生活，无非是在教室里埋头于无边无际的书海，是日日夜夜奋战于刷不完的试卷和枯燥无味的习题，是考试失利后烦躁不安、陷入自我怀疑……这不过就是不断地重复，与青春、时间并无多大关系。但这些重复，不正是青春的模样吗？这些重复，不正是在积淀青春的美好吗？

从古至今，凡是有成就之人无不磨砺自身，证明青春不是昙花一现的瞬间，而是长年累月的积淀。王羲之的笔冢、狄更斯的观察、郎朗的钢琴一万小时定律……无一不是在看似不屑一顾的重复中，成就了最美的华章，也让时间积淀出最美的诗篇。

所以，青春的美丽不只有柔美可爱一种，还在于用奋斗给青春添色，用时间去积淀青春之美，让人生的每一个现阶段都作为青春鲜活和真实的证据。

总有人羡慕我们身处少年时代，羡慕我们拥有大把的时光，羡慕我们拥有无限的可能。但正因为年轻，我们也会软弱、忧愁，会不由自主地陷入怀疑，会有举棋不定的忐忑。在此我想说，当面对未知的挑战，请不要彷徨和迷茫，也请不要担心失败，你要做的，就是奋勇向前。

要坚定自己的理想，然后朝着既定的目标，一点一点地前行。我相信，只要我们努力奋斗，随着时间的叠加，必将绽放出最美的青春！

谢谢大家！

做好自己

◎王广军

大家好!

瑞典女诗人安娜·吕德斯泰德写过这样的诗句:“我当然看某些人,坐在桌边的男男女女。我也生来只为而且长大只为在世上做安娜。”我被她强烈的心声深深地感动了,也许我们每个人到这世上都肩负着最伟大的使命,那就是做好自己。

看过一部电影,叫作《丑女大翻身》,讲述一个因肥胖和丑陋而选择为心爱的人全身整形的女孩子的蜕变,整形后的她凭着美丽的外表和天生的好嗓子成了一位著名歌手,从此以珍妮的身份生活。她可以不再偷偷地望着自己暗恋了许久的那个人,可以不再像从前那样为身材而烦恼,可以不再偷偷躲在幕后为别人的假唱配音,只是她最好的朋友离开了她,而她也无法与自己的父亲相认,她抛弃了原来的生活和原来的自己。最后,她鼓起勇气向大家澄清了事实,重新成为汉娜,找回了自己,做回了自己。

也许很多时候,我们都忘了欣赏自己,总是对自己不满意,缺乏自信;也许很多时候,我们都太爱想象,不肯接受

现实；也许很多时候，我们都会不知所措，不知道活着的真正目的，不知道该怎么活着、为谁活着。

每个人都可能会碰到特别难熬的阶段，或长或短，感到绝望，看不到光。可是，沉溺于抱怨、苦恼是没有用的，难过痛苦更加无济于事，倒不如收拾收拾心情，抖擞精神，昂首挺胸去面对，也许一切就会柳暗花明。

做好自己，陶渊明走向了自然，寻找自己心灵的归属；三毛流浪了一生，缘于对自由的向往；金岳霖选择了等待，为林徽因记挂一生。随心，随性，便是我们这一生最高的境界，而这一境界，又要有多少世俗的阻碍，只不过选择好属于自己的一条道路就值得了，因为这样就是自己。

做好自己，趁你现在还有时间，尽你自己最大的努力，努力做成你最想做的那件事，成为你最想成为的那种人，过你最想过的那种生活，这个世界永远比你想的更精彩，不要败给生活。

做好自己，我们可以犹豫，但不能放弃；我们可以改变，但不能堕落；我们可以有梦，但不能只有梦。要朝着自己的理想一步步努力，一次次完善自己，无愧于人生，做好自己。

谢谢大家！

字里行间藏着最深的思念

◎宛 皖

各位同学：

大家好！

有人说："爱书的人都拥有有趣的灵魂。"读书是否可以拥有有趣的灵魂我不敢说，但读书一定可以拉近爱书的人灵魂与灵魂之间的距离。外公爱读书，我也爱，因为我爱读书，所以外公对我另眼相看。虽然我相貌平平、成绩平平，外公却在众多孙子和外孙之间独独宠爱我。外公总是在没有别人在场的时候，变魔法似的掏出一块巧克力给我。

每当我阅读的时候，外公总是走过来替我掩住书房的门。每当我忘情地读了一个小时书，外公就会走进书房，看一眼我读的是什么书，问问我读书的心得，和我说起手中的书籍时，外公如数家珍，人物、情节、背景、寓意，每一本书都在外公脑海中。而我也在与外公聊书的同时，明白了外公的胸中丘壑都在字里行间。

我喜欢读名著，外公发现以后非常欣喜。我的同学们喜欢什么书的都有，武侠、言情，还有外公看不懂的玄幻奇幻等。外公是个通达的长者，当同学们谈起时下流行的小说

时，外公总是说：“每一本好书都是作者巧妙的构思。但有的孩子沉迷其中，荒废学业，虚度时光，就失去了读书的意义。”外公对我说：“我不要求你是一个学霸，也不要求你出类拔萃，我只希望你能把爱书的心保持到底，一生都能与书相伴。那你一定能从阅读中汲取养分，获得力量。你小小年纪就懂得名著的好，兴趣自然会指引你阅读的方向。到你再大一点，参加工作以后，你会在阅读的时候体会到人这一生最应该在乎的是自己的内在涵养，而不是追名逐利，在乎那些身外之物。这才是阅读真正的意义。”

文字是一种力量，文字也可以寄托哀思。外公离世后，我每次翻开一本书，或者写作时，对外公的思念就跃然纸上。阅读的间歇，合上书本，就会回忆起与外公聊书的情景。一个人独对书本，外公炯炯有神的目光就会浮现在我眼前。

也许读书就是对外公最好的思念，因为字里行间，藏着这个美好的世界；字里行间，隐含着思念的深情；字里行间，蕴含着对未来美好的向往！

谢谢大家！

4

善于求助，是一种生存本领，

也是让你变得更加强大和优秀的途径。

演讲辞

（赠品）

Speeches

Chapter 4

第四章

求　助

清晰地表达你求助的意愿

当你向别人求助时，首先要清晰地表达你的意愿，让对方清晰地知道你需要帮助。如果你说话支支吾吾、含含糊糊、语无伦次，就可能无法及时获得帮助。

跨越心理障碍，勇敢表达求助意愿

很多人不愿意开口求人，有两个原因：一是怕麻烦别人，不愿意欠人情债；二是担心被拒绝，颜面受损。其实大可不必。人与人之间的相互帮助，其实就是相互麻烦。我有事麻烦你，你有事麻烦我，感情在相互麻烦中增进。很多人怕麻烦别人，但是，不麻烦，关系也就无从建立。你想一想，和你关系最好的人，是不是你们经常相互“麻烦”呢？千万不要让那种“怕麻烦别人”的心理成为你和他人发展关系的障碍。请相信，好的关系都是互相麻烦出来的。

我们还要认识到一点，对于被求助者来讲，你的求助是让他展示善意和能力，证明自己的存在对于他人有意义的机会。每个人都渴望通过帮助别人来获得认可，实现自己的社会价值，从中获得极大的满足感和自尊感。只要不是强人所难的求助，多数人面对别人的请求都会积极地伸出援手，尤其是熟人之间。当然，求助是有可能被拒绝的。那又怎样呢？你什么也没失去，转而向另一个人求助就是了。别担心颜面受损而不好意思开口，若你一直处于困境中，无法解决自己的难题，那才是真的没有面子。

所以，遇到自己确实无法独自解决的问题，要勇敢地向他人求助。

选择合适的求助对象，清晰表述你遇到的问题

在求助别人时，首先要讲清楚你遇到了什么样的问题，清晰地描述你的问题，让对方明白你的处境。

曾经在南京市发生了这样一件事，一个 4 岁的小女孩和妈妈走失了。她并没有哭，而是走到街边一家酒店的前台，向一位工作人员求助：

“阿姨好！我遇到麻烦了，您能帮我吗？”

"小朋友，怎么了？"

"我和妈妈走散了，我也不记得她的电话，但我知道妈妈的名字，我知道我们家的地址，您能帮我找到妈妈吗？如果您不能，您可以帮我报警吗？"

"这样啊，你先等等，不着急，没事的，我们请警察叔叔来帮我们，就一定能找到妈妈。"

一会儿警察来了，小女孩告诉警察他们家所在的小区、楼牌号以及妈妈的名字。警察联系了小区物业，查到了小女孩妈妈的电话。很快，小女孩的妈妈就赶来了。

在小女孩向警察表示感谢的时候，警察向她竖起大拇指，对她说："你真棒！"

仅仅 4 岁的孩子，在和妈妈走散后，没有恐慌，她的表现堪称同年龄段孩子遇困求助的典范。她选择了安全的环境——酒店前台；选择了合适的求助对象——前台工作人员；清晰地表达了自己的问题，请工作人员帮忙报警，才得以尽快地解决了自己的问题，找到妈妈。这样的年龄，求助能力这么强，配得上警察"你真棒"的夸赞。

班级组织秋游活动，班主任让团支部书记欣然负责。欣然在制定计划和方案时，征求大家的建议，却遇到各种各样的问题，头都蒙了。她不知道怎么安排才能让大家满意，才能让秋游活动圆满。为此她向班长张翔求助：“我现在最大的难题是众口难调，同学们各种想法、各种要求都有，有的要求很过分，有的要求还很特别。我不知道该怎么做，到底该听谁的，该选择哪些建议作为秋游过程中的主要内容，怎么能获得大家的支持和配合，至少让大多数同学满意。”

张翔听了，说：“你的问题我知道了，我要好好想一想，看怎么帮你。”

张翔是班长，具备帮助欣然的能力和条件，是一个合适的求助对象。欣然在求助时，详细地罗列了自己所遇到的问题、希望得到什么样的帮助、实现怎样的目的。你表达得越清晰，别人越能明白你的需求，才会给你有效的帮助。这样就能缩短你求助的时间成本，提升求助的效率。

表达诉求，你需要什么样的帮助

在清晰地表达你遇到的难题之后，下一步就要清晰地表达你的诉求，告诉求助对象自己需要什么样的帮助。以上文欣然的求助为例：

“首先，我希望你能开个班会，集思广益，同时让大家讨论，列出一些活动选项，大家举手表决，凡是超过60%的同学同意的活动，咱们就吸纳。其次，以前咱们举行集体活动，总有个别同学不服从安排，无组织无纪律，你能不能事先找这些同学谈话，私下叮嘱一下他们。最后，有的事情我自己无法完成，希望你能安排其他班干部协助我。”

需要怎样的帮助？欣然表达得十分清晰有条理，提出具体的三点。这样张翔听了，就知道自己该做什么，才能真正地帮助到欣然。表达诉求时，语言不能模糊，不能笼统。比如欣然对张翔说：“秋游活动，我头都蒙了，各种要求都有，我不知道怎么办，你帮帮我吧。”这样的求助没有表达出清晰的诉求，只是表达了请求帮助的意愿，而没有给出自己所需要的具体帮助。表达不清晰，即使别人想帮你，也不知从哪儿下手。

再来看一个求助案例：

初三（2）班有位叫林浩的同学不止一次欺负张烨。张烨找到班主任魏老师，他说：“我和林浩并没有多大矛盾，上个月在食堂排队买饭，他插队，我阻止了。自此以后，他就经常没事找事。我也请别的同学劝过他，他依然如故。魏老师，我想请您和林浩谈谈，或者和林浩的班主任谈谈。如果他愿意和我成为朋友，我欢迎；如果不愿意，也应该相互尊重，至少井水不犯河水。”

张烨向魏老师说清了事情的来龙去脉，表达了自己的诉求，希望魏老师能出面找林浩或者林浩的班主任去谈。同时，表达了自己希望和林浩化干戈为玉帛，成为朋友的意愿。试想，如果每个人都像张烨这样懂得求助，校园里就不会有那么多欺凌的事情发生，同学之间也不会有那么多矛盾。

懂得求助是一种能力，怎样求助是一种智慧。

怎么说，你的求助才能得到满足

每一个向他人求助的人，都渴望能成功地获得帮助。要实现这一点，需要讲究点求助艺术。

强调对方帮助的价值和意义

谁都希望自己所做的事情有价值、有意义，尤其是帮助别人。如果一个人认为帮助你没有任何价值和意义，做的是无用功，那么对于你的求助，他就会表现得不热心。所以，在求助时一定要向对方强调他帮助你的价值和意义。

学校评选出五个“学雷锋标兵”，孙茗得以入选，学校领导让他在表彰大会上发言。她费了九牛二虎之力写出一篇发言稿，可自己觉得不满意。于是，她就请写作水平较高的程璐帮忙，她对程璐说："虽然我已竭尽全力，但是写得还是差强人意。我想，如果以这样的发言稿发言，估计会被人笑话，咱俩这关系，你能忍心让我丢人现眼？就算我不被人笑话，也没有任何出彩的地方，那就失去了发言的意义。所以，我请求你帮助我润色，打造出一篇精彩的发言稿。当我赢得掌声、赞誉时，我会告诉大家发言稿是你帮我修改的，岂不是这赞誉也是给你的？"程璐听了，爽快地答应了。

孙茗在求助时强调了发言稿的重要性以及对自己的意义，这是让程璐看到帮助的作用。最后还特意强调获得的赞誉不仅是自己的，也是程璐的，进一步增强了程璐出手相助的动力。在求助别人时，尽量最大化地让对方认识到帮助的意义和价值，才能最大限度地激发他人相助的欲望和动力。

掌握分寸，不要说得过于轻松或困难

我们向别人求助时，需要掌握分寸，不要说得过于轻松或困难。如果说得很轻松，那么别人就会问：很轻松就能完成的事，为什么你不自己做呢？再者，如果你说很轻松就能完成，等于降低了对方出手相助的价值。如果你说得太困难，对方会考虑付出的成本过大，或者担心自己没有足够的能力帮你，拒绝你的概率就高。

学校要举行辩论赛，选拔优秀辩手组校队参加全市中学生辩论大赛。学校要求每个班都要组队来参加学校的比赛。班主任让团支书宋伟负责此项工作。宋伟做了动员，也私下和不少同学沟通，可是依然没有人愿意参加。他向班长李磊求助，说道："大家都说自己不擅长辩论，都不愿意报名。大班长，求求你了，可能我的动员能力不够，沟通能力不够，鼓动性不强。你在同学们中间威望高，沟通能力也强，你试试去做动员，我相信，你出马一定会马到功成。"班长听了，说："好，我帮你去做同学们的工作。"

说服同学参加辩论赛，是有一定难度的，宋伟先讲明自己做了工作不见成效的事实，证明这件事有难度，而后归咎原因是自己动员能力不够、沟通能力不强。夸赞班长有威望，沟通能力、动员能力强，这是说服同学们参加辩论赛的有力武器。班长听了，自然会爽快答应。

表示感激，给对方以精神鼓励和补偿

帮助别人不应该以获得回报为目的，这是施助者要有的境界和胸怀，否则帮助别人就变成功利性的行为。而求助者应该主动地表达自己的感激，至少从语言上表达自己的感激之情，让施助者获得相应的精神鼓励和补偿。

黄晓磊因为家里有事，缺课一周。他通过自学和借同学的笔记学习，基本掌握了这一周各科的知识要点。只有物理，他觉得自己还没弄明白，就向物理课代表林琳求助，说道："我认真看了几遍书和笔记，可是这几节课的知识我感觉还是没有掌握，一些题还是不会做。你能帮我补课吗？我知道这会占用你的学习时间。如果你能帮我，我会非常感激，铭记你的帮助，以后若你有需要我帮助的地方，我也会义不容辞。"林琳听了，说："我非常乐意帮助你，这是我课代表应该做的。"

黄晓磊在求助时不仅表明感激，还表示以后林琳若有需要他帮忙的，他会义不容辞，让林琳看到他是一个懂得感恩的人。一个人若不懂感恩，就不会有人心甘情愿地帮他，因为谁都不希望自己的真心被辜负。适当地表达感激，能促使别人有更大的动力伸出援手。

开口求助并不是多么困难的事情，困难的是怎么能及时地获得帮助。你怎么说才是关键。恰当地表达，把话说到对方心坎上，才能打动他。

他们的求助为何失败了

不是所有的求助都能得到满足，不是所有的难题别人都能帮你解决。向人求助都有失败的可能，为什么会失败呢？

力所能及而不为

孙强和几位同学约了下午放学后去操场打球，可当天轮到他值日，他就拜托同桌赵凯替他值日。赵凯说：“我要去书店买书，你还是请别人吧。”孙强说：“买书晚一会儿去也可以啊。耽误不了多长时间。”赵凯回应：“你打球也可以晚去一会儿啊。”孙强说：“我们约好了时间，我迟到了大家都等我，不太合适。”赵凯说：“我也约好了别人一起去买书的，我也不能失约。”孙强听了，哑口无言，只好再去求助别人。

孙强之所以求助失败，是因为求助于人的事是他自己力所能及且应该去做的事情，他却为了打球，自己不去做。其实，这是推卸责任。这样的求助很难得到满足。求助于人的事，一定是你自己能力范围内无法完成的事情。如果你自己能做的事情不去做，而让别人去做，谁愿意真心帮你呢?

缩小了帮助的意义

张晗想请写作水平高的李乐帮忙写一篇演讲稿，她对李乐说："你文笔好，写起文章来下笔如有神，我这份演讲稿就600字，简单，举手之劳的事，这点小忙，你就帮帮我，谢谢啦！"李乐说："不好意思，这么简单的事情，你还是自己写吧，我没时间。"张晗说："这点小忙，你都不帮，不够意思！"李乐说："既然你都说是小忙，举手之劳的事，你自己应该能轻松完成，自己的事情自己做。"

李乐为什么拒绝？是因为张晗在求助时淡化了写演讲稿的难度，缩小了帮助的意义。把此事说成是"举手之劳”“这点小忙”，李乐听了哪里会有帮助的热情。无论怎样求助，都不能把事情说得太简单，要让别人感觉到他帮你是解决了你所面临的一个大问题，或者一个棘手问题，他的帮助对你来说意义非凡，而不是可有可无的“小忙”。

道德绑架

陶桃把自己不会做的几何题整理到一起，准备向几何课代表赵欣然请教，她对赵欣然说：“我整理了一些不会做的题，这两天能给我讲讲吗？”赵欣然说：“这两天可能没时间，有时间我找你。”陶桃一听，不乐意了，说：“你是不想给我补习吧？我看你都给别人讲题了，怎么到我这没时间了？你是几何课代表，难道不应该帮助向你求教的同学吗？”赵欣然一听，生气地说：“我没义务帮你，你爱找谁找谁去！”两个人随后发生了争吵。

陶桃向赵欣然求助理应谦和，毕竟是她求人帮忙，她却在没有得到及时的满足后指责赵欣然，对赵欣然进行道德绑架，说课代表就要帮助求教的同学。这就是不讲道理。因此，她不仅求助失败，还造成人际关系的矛盾。道德绑架是一种不健康的思维行为，也是一种自私心理。以道德绑架胁迫别人来帮助自己，只会令人生厌。即使你可能得逞，也会给你的人际关系带来不可避免的长期伤害。

我们应该明白，哪怕是最好的朋友也没有义务帮我们。求助，是求人帮助解决你的难题，是需要别人付出和奉献的。求助者只有抱着真诚、谦和的态度，才能让对方心甘情愿地予以帮助。

求助不得，不责人

当你遇到难题向别人求助，却没有获得意想中的帮助时，你会生气吗？会埋怨对方没有帮你吗？

孙楚楚想请梓涵给他们文学社的社刊画插图，梓涵看了看他们文学社社刊以前的插图，说："不好意思，我一是没时间画，二是这样风格的画，我不擅长，画不好。"孙楚楚说："没关系，你按照自己的想法画就行。"梓涵说："我真的没时间，学习太忙，我都好久不画画了。"孙楚楚说："你怎么这么不近人情呢？同班同学，这个忙都不帮？不够意思。"梓涵一听，生气了，回绝道："我没时间，你另请高明吧。"班主任知道后，批评了孙楚楚，对她说："谁也没有义务帮你，不能强人所难。别人拒绝帮助你，并不是别人的错，你责怪别人就是你的错了。梓涵没帮你，你也应该理解，和和气气地邀请她，以后有时间给你们社刊画画。”

孙楚楚认识到了自己的错误，找到梓涵，向她道歉：“对不起，我不该生气。你把更多的时间用在学习上，想提升自己的成绩，放下了画笔。我应该理解你，支持你。希望你以后有时间，再给我们画。”梓涵说：“谢谢你的理解，以后有时间我一定给你们画。”

正如班主任所说，没有人有义务帮你，不帮你自然有人家的理由，就算被拒绝了，你也应该理解别人，而不是口出怨言，责怪别人。孙楚楚最初被拒绝后口出怨言，只能换回梓涵的“以怨报怨”，受到班主任批评后，她认识到自己的错误，向梓涵表示理解，则赢得了梓涵的笑脸和以后相助的许诺。所以，求助被拒绝后，你是什么样的态度、说什么样的话，结果是完全不同的。

记得有一位企业家，他的公司遇到了经营困难，四处借钱以渡过难关。但他四处碰壁。后来，他的企业局面扭转，他得以翻身，成了远近闻名的企业家。在一档电视节目中，谈及这段经历时，主持人问他：“四处求助，没人帮你，你是不是特别心灰意冷，觉得人情凉薄。”他说：“你在向别人求助时，不能心里只有自己的需要，也要看到别人的不便。我也理解他们，借钱给我，万一我破产了，还不上钱怎么办？”在自己陷入困境时，谁不渴望获得帮助？但是向人求助如果没有成功，应该放宽心胸，理解别人的不便，切不可生气，指责别人冷漠。否则，既得不到帮助，又失去了朋友。

学会接受别人的拒绝也是一种成长。不管发生什么，一定要保持礼貌。口出怨言不会给你带来任何好处，而礼貌和理解会让人看到你的修养和优雅。请相信，没有人会为拒绝别人的求助而感到愉快的。拒绝你，对方心里也不舒服。如果你口出怨言，会让对方产生“我拒绝得对”的心理，认为你是一个不值得帮助的人。如果你表示理解，则会让对方产生“愧疚”的心理，下一次你再求助的时候，获得帮助的可能性就大了。

求助不得，不责人。抱怨和指责只能表现出自己的狭隘和自私，而能理解别人的拒绝，多想别人的不便，展现的是宽容和大度，是一种为人着想的品德修养。

找一个动听的理由

张祥物理学习成绩差，为了提高成绩，他时常向物理科代表冯晓东请教。有一次，张祥遇到了一道难题，便去请求冯晓东的帮助。冯晓东心情不好，不太情愿，便对张祥说："为什么你遇到难题总是找我呢？"张祥听了，笑着说："那还不是因为你厉害，你一讲我就能听懂，就能明白，效率高啊！"冯晓东听了，也笑了起来，愉快地给张祥讲解那道难题。

张祥向冯晓东请教，帮自己解决难题。在冯晓东不太情愿的时候，张祥给出了一个无法拒绝的理由：冯晓东厉害！讲题效率高！这是对冯晓东的夸赞。如此动听的理由，让人无法不接受。在现实生活中，我们也经常会有需要别人帮助和说服别人的时候，而要对方接受，就应该找一个动听的理由。

萧杰喜欢踢足球，在校队选拔中被选中。可是妈妈不同意他加入。妈妈：“参加校足球队，需要经常训练、比赛，一是耽误学习，二是容易受伤。妈妈不让你参加，是为你好。”

萧杰：“谢谢妈妈，我知道您是为我好，您是这个世界上最爱我的人。”

妈妈：“既然你知道妈妈是为你好，那你就应该听妈妈的话，对吗？”

萧杰：“我当然要听妈妈的话了，不听您的还能听谁的？可是我也想请您听听我的心里话。我喜欢踢足球，这是我最大的爱好。就像您喜欢画画一样，只要有时间都会画。若别人不让您画，您肯定不开心。我如果没了足球这个爱好，除了学习还是学习，一点儿乐趣都没有了。您肯定也不愿意看到我不开心。”

要说服一个人，唤起对方的同理心至关重要。萧杰拿妈妈喜欢画画的爱好来举例，促使她将心比心，换位思考；希望妈妈不仅要关注自己的学习，还要在意自己开不开心。哪个妈妈不希望自己的孩子开开心心呢？萧杰的这个理由让妈妈无法拒绝。

同时拥有《星期六晚邮》和《妇女家庭周刊》的出版大亨希鲁斯·科第斯，创业之初很艰难，因为付不起像别的杂志社那样高的报酬，自然也约不到好作者、好稿子。一次，他拜访当时已声名远扬的奥尔科特小姐，对她说："您好，我知道您是一位以慈善事业为使命的作家，您写作不是为了稿酬，而是为了引导人心向善，为了世道人心。虽然我们杂志刚刚创办，但是我们的办刊宗旨是以您的创作思想为指导的，我们希望这份杂志成为宣传您的思想的阵地和窗口，成为您与读者联系的纽带和桥梁。"奥尔科特小姐被他的理由感动了，并把自己最好的作品给了他。谁能想象，约到这位写出世界名著《小妇人》的大作家的作品，他只用了100美元，还将这笔钱寄给了奥尔科特小姐最心爱的一项慈善事业。

希鲁斯·科第斯之所以能够约到奥尔科特小姐的佳作，就在于他抓住了奥尔科特小姐乐于助人这个特点，然后用做慈善这样一个动听的理由，深深地打动了她的心。其实，现实中的人都是有崇高理想的，都希望有一个动听的理由来支持自己做某件事。比如说奥尔科特小姐，她就很愿意为慈善事业毫无条件地奉献。基于此，我们在求人办事时，也一定要了解对方的喜好，继而找一个能够触动对方心灵的理由，让对方和我们的观点一致，如此就能达到理想结果。

安德鲁曾经告诫人们：“与人交谈，要让对方接受自己的观点，不要先讨论双方不一致的问题，而要先强调，并且反复强调你们一致的事情。让对方一开始就说‘是’‘对的’，而不要让对方一开始就说‘不’。”在生活中，当我们在为一件事情的解决而与对方争执苦恼的时候，不妨给对方一个动听的理由，也许，事情的转机马上就来了。

5

一个人拥有强大的说服力，

无论立身处世还是与人交际，

都会游刃有余。

Chapter 5

第五章

说　服

让尊重的话语先行

要说服一个人，尊重是前提。如果你心里对对方没有丝毫尊重，说出来的话语必定不能令他动心，更不会让他心服口服。无论对方的言行让你内心多么不认可，也不能一上来就是狂风暴雨般的批评和指责，而应该尊重他，用真诚的态度劝说。

王坤不愿意和卫明做同桌，他请求班主任赵老师给他调换座位，赵老师觉得不妥，没有答应。赵老师并未严词拒绝，而是和王坤沟通，他对王坤说："现在，我不是你的老师，而是你的朋友，一个大朋友，你能说说你换座位的理由吗？"王坤说："我想和李想同桌。"赵老师说："你想和李想同桌，你俩关系一定很好，一定很合得来。谁都想和自己合得来的好朋友坐一起，老师理解并尊重你的想法。可是你想过没有，如果每个同学都想和自己的好朋友坐一起，那座位怎么分配呢？我这个班主任永远也无法让每个同学都对自己的座位满意，对吧？希望你能配合老师的工作，把我们班集体建设成一个团结友爱、有凝聚力的集体。”王坤听了，就打消了换座位的想法。

面对王坤换座位的要求，赵老师没有严词拒绝，而是表示尊重和理解，以朋友的姿态和王坤沟通，从而消除王坤的抵触情绪，为接下来的说服创造了良好的气氛。没有尊重就不会有真正的说服，如果你连对方的尊严都伤害了，对方怎么能服气呢？尊重别人是一种美德，而受人尊重则是一种幸福。尊重让人感到人格上的平等，为说服铺垫良好的心理基础。

在如何举办元旦晚会的事情上，班长林涛和艺术委员程璐发生意见分歧，林涛认为期末考试将近，大家学习紧张，就简单地举办一场晚会，时间不要超过 1 个小时。程璐认为，正是因为学习紧张才需要放松，同学们的参与热情高，应该用更长的时间。林涛起初非常坚定自己的想法，程璐理了理思路，耐心地对他说：“我知道你是担心大家为举办晚会分心，影响学习，我非常尊重和理解你的想法。这是一个班长应该有的态度。我是想和你商量，你看大家学习那么紧张，个个儿都紧绷着，是不是应该调节一下？让大家适当放松，会不会更有利于学习？你看，一说举办晚会，大家纷纷报节目。如果时间短，很多同学不能表演节目，肯定也不高兴。你再考虑考虑我的意见，你是班长，做出怎样的决定，我都接受。”林涛听完，说：“你说得有道理，我再考虑考虑。”很快，林涛就同意了程璐的建议。

面对分歧，想要说服别人，就不能盛气凌人、唇枪舌剑、针尖对麦芒。无论存在多大差异，都应该先尊重对方，尽量找到对方的主张里值得肯定的部分，以尊重、平等、协商的心态，用委婉的语气表达自己的观点。为说服创造良好的气氛，让对方冷静下来考虑你的建议。

懂得尊重别人，是一个人最基本的修养。素养低的人往往不懂尊重，说话自以为是、盛气凌人，丝毫不考虑别人的感受和尊严。而层次高、素养高的人则将尊重看成人格上的平等，与人相处时不仰望也不俯瞰，说话有礼貌，做事有风度，说出来的话让人觉得入耳顺心，话语的感染力和说服力就很强。

这世界上的难事之一就是让一个人改变自己固有的想法，或者说把自己的思想装进别人的脑袋里。说服别人不是一件容易的事情，无论你有怎样高超的语言艺术和沟通技巧，都要建立在尊重的基础上。让尊重的话语先行，说服就成功了一半。

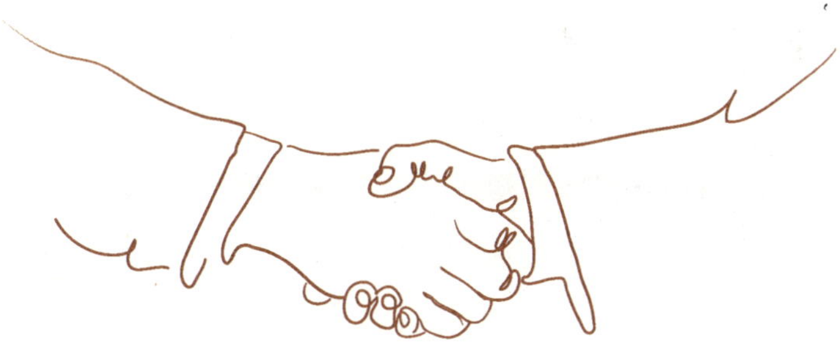

从为对方着想的角度切入

有一家服装店的老板遇到一件令她特别头疼的事情：不少女顾客在试穿毛衣时不注意，会把口红沾到毛衣上。毛衣沾上口红之后，不便销售，也不易清洗。为了避免这个问题，她会提醒试衣服的女顾客，说："麻烦您试穿时注意一下，别让口红沾到毛衣上了。"听她这样说，顾客就会表现出厌烦的样子，有的甚至把毛衣放下，直接走了。怎么办？后来，有个朋友给她支了一招，告诉她在女顾客试衣服时这样说："当心一点，别让毛衣弄花了你的口红。"她听从了这个建议。从此之后，问题便解决了。女顾客听了她的提醒，试衣服时都会小心。

一个是"别让口红沾到毛衣上"，一个是"别让毛衣弄花你的口红"，效果为什么截然不同呢？就是因为前者是站在自己的角度，提醒顾客别把口红沾到毛衣上；后者是从顾客的角度出发，为顾客着想，提醒顾客别弄花了口红。出发点不一样，效果当然不一样了。

说服别人，如果只从自己的角度切入，他人难免会产生“这是你的事，与我没关系”的感觉，若从为他着想的角度出发，让他感觉你是为他好，说服对方就相对轻松了。

春秋战国时代，不少说客就是利用这一点完成使命的。看看齐国陈轸的故事：

楚国派大将昭阳带领楚军进攻魏国，攻占了魏国的几个城池。然后又调动军队攻打齐国。当时齐王不想打仗，便派陈轸去劝说昭阳。陈轸先俯身拜贺昭阳取得战功，然后直起身问道：“按楚国的规定，击溃敌军，斩杀敌将，会得到什么官爵？”昭阳道：“官，可当上柱国；爵，可得上执圭。”陈轸道：“比这更为尊贵的是什么官爵呢？”昭阳道：“那只有令尹了。”

陈轸道：“令尹最为尊贵，楚王不会设置两个令尹啊！我为您打个比方，可以吗？楚国有个祭祀的人，他赏给随侍左右的人一壶酒。这些人互相商量道：‘几个人一起喝吧，不够，一个人喝才富富有余。咱们在地上画条蛇，谁先画好谁就喝酒。’一个人先画好了蛇，端过酒准备喝下去。他左手拿着酒壶，右手画着蛇，道：‘我能给它画上脚。’蛇脚还未画好，另一个人的蛇已画成。他夺下还在画蛇脚的那个人的酒壶，说道：‘蛇本来没有脚，你怎么能给它画上脚呢？’于是喝下了那壶酒。画蛇脚的，最终丧失了喝这壶酒的机会。如今您辅佐楚国，攻打魏国，击破魏军，杀死魏将，攻陷八座城池，手下未有损失，现在又想进攻齐国，齐国害怕您。您因此名声大振，这也足够了。而在上柱国的官位之上，不会再设一个上柱国啊。战无不胜，却不懂适可而止的人，总有一天会身置死地、爵归他人，这就如同画蛇添足一样。”昭阳认为陈轸说得有道理，便罢兵而去。

陈轸作为齐国的使者，在劝说中没有从齐国的利益得失说起，而是从昭阳的个人得失切入，说攻打齐国对他没有丝毫益处，反而是画蛇添足。不同的话语代表不同的立场，只从自己的立场出发，讲自己的利益得失，根本打动不了别人。从别人的立场出发，说出为别人着想的话语，这样的话语才有感染力和说服力，才会令人心动。我们再来看一个生活中的案例：

因为赵凯做错了一件小事，伤害了周凌云。尽管赵凯真诚道歉，周凌云依然对赵凯不理不睬。大家都劝周凌云大度一点，原谅赵凯。周凌云都不为所动。李莉知道此事后，找到周凌云，对她说："你是愿意给同学们一个大度、宽容的形象，还是小气、心胸狭窄的形象呢？"周凌云说："当然是大度、宽容的形象了。"李莉说："那为什么你的做法却恰恰相反呢？是，赵凯是做错了，也道歉了，给同学们留下了知错就改的好印象。可是你呢？你没有原谅他，却给人留下心胸狭窄的印象。本来错的是他，受伤害的是你，可是结果他受益了，你受损了，多不划算啊！本来你是有理的，再不计较，原谅他，就让同学们觉得你有风度、有涵养，这是不是对你更有利呢？"周凌云听了，恍然大悟，便原谅了赵凯。

为什么李莉的说服起了作用？因为她是从为周凌云着

想的角度切入的，原谅和不原谅，给同学们留下的印象截然不同，怎么选择，利弊分析得很明白。每一句话都是为周凌云考虑，她听了，怎么能不心动？只有心怀善意，才能为他人着想，说出为他人着想的话。谁又能拒绝善良的人呢？

如果说服是一门艺术，那为他人着想就是最好的说服艺术。因为真正的说服，是让对方心甘情愿地听从我们的建议并付诸行动。而为他着想的话语则容易抓住他的心理，达到一击即中的效果。

妙用比喻巧说服

要说服一个人，让人接受你所讲的道理，进而做出符合你意愿的行动，需要你把话说得生动、形象，把道理讲得鲜活、明白。这个时候，比喻就派上了用场。

当法拉第发现电磁感应的基本原理时，很多人不理解，也不支持他，还有人嘲笑他说："这东西能有什么用呢？"聪明睿智的法拉第幽默地说："那你认为刚生下来的婴儿能有什么用呢？"嘲笑他的人顿时哑口无言。

面对别人的质疑，如果用深奥的理论解释，别人很难理解。法拉第把电磁感应比作一个刚降生的婴儿，解释其蕴藏的巨大的能量，既直观，又让人很容易理解。如果你说的话不够生动，不够形象，即使你说得口干舌燥，也无法说服对方，让他心甘情愿地接受你的观点，而比喻则能解决这个问题，起到“话半功倍”的效果。

著名小提琴家盛中国曾到莫斯科柴科夫斯基音乐学院留学。他努力学习，刻苦练习，再加上得到小提琴大师列·柯岗老师的悉心指点，在学习期间取得了非凡的艺术成就，享誉国际乐坛。在他完成学业准备归国之际，他的老师列·柯岗为他举行盛大的告别演出，并依依不舍地对他说：“你是个天才，你是属于世界的，有可能的话，你能不能不回中国？”盛中国听后，并没有直接回答，而是从主席台的花瓶里拿了一朵盛开的月季花，递到列·柯岗面前说：“老师，我就像这朵盛开的月季花。您看，这朵月季花现在开得很美丽，但用不了多久就会枯萎，因为它没有根。俄罗斯有句谚语叫‘做客虽然好，自己家里更好’，虽然我也懂外国文化，但是中国文化哺育了我，我的根在中国。如果我留在这里，就会像这花瓶里的月季花，而再美丽的花一旦失去根，也会死亡，那样的美丽只是刹那芳华。所以，谢谢老师的盛情和好意，为了我这朵‘花’能够长久地‘美丽’下去，我必须回到中国去……”盛中国说完，向列·柯岗深深地鞠了一躬。列·柯岗老师握着他的手说：“年轻人，好样的！”

盛中国没有单纯地讲道理，而是借助月季花来比喻，把自己比作月季花，把祖国的文化比作沃土，自己这朵花只有扎根在祖国的沃土才会持久地美丽开放，否则，只能是“昙花一现”。一个恰当的比喻强过长篇大论。用比喻来说理，能避免枯燥、晦涩，让人听得明白，听得会心。

著名的数学家艾米·诺特被称为“现代数学之母”。可是谁曾想，当年她连当大学讲师的资格都没有。1916年，希尔伯特教授邀请她到哥廷根大学讲授数学。可是当时在哥廷根大学，存在世俗的偏见，女性不能当讲师。希尔伯特据理力争，但那些偏见很深的历史学和语言学的教授就是不同意。希尔伯特气愤至极，在一次教授会上，他说：“我简直无法想象候选人的性别竟成了她升任讲师的阻碍。先生们，别忘了这里是大学而不是洗澡堂。”最终，在希尔伯特的支持下，艾米·诺特成为哥廷根大学历史上的第一位女讲师。

希尔伯特的说服可以说是犀利的反击，对于那些对女性心存偏见的人来说，你讲再多的道理也没有用。希尔伯特用一个“澡堂”的比喻，让心存偏见的人感觉到自己的荒谬。用比喻来说明事理，不仅言简意赅，能增强话语的说服力，还能为自己的语言增加一些幽默的色彩，从而更好地取得说服的效果。

比喻说理，就是运用具体可感的事物说明抽象复杂的道理，把抽象变形象，把复杂变简明，表述委婉而具有较强的感染力和说服力。需要指出的是，运用比喻时，要力求找准比喻与道理的契合点，这样的比喻才恰当。

动之以情

感人心者莫乎于情，在说服别人的时候，话语充满感情，就能轻松打动人心。

于萍萍因为和妈妈吵架，赌气来到学校，口袋里没有一分钱。同桌梓涵请她吃午饭，她诉苦说："我妈妈根本不爱我，从来都不在乎我的感受，我都不想回家看到她。"梓涵说："你错了，哪有父母不爱孩子的，估计全天下最在乎你的人就是你的爸爸妈妈。"于萍萍反驳说："我爸爸是，我妈妈肯定不是。"梓涵摇摇头。吃过饭后，于萍萍说："谢谢你，请我吃饭，你对我真好。"梓涵说："是吧，我请你吃一顿饭，你就说我对你好，那么你长这么大，你妈妈为你做了多少顿饭呢？是不是她对你最好？"于萍萍听完，陷入了沉思。梓涵趁热打铁，说："尤其是做早饭，妈妈都需要早早起来，在我们起床前做好，以免我们上学迟到。当我们还在睡梦中时，妈妈就已经在厨房忙碌了。我的妈妈是这样，你的妈妈也是这样，天下的妈妈基本都是这样，她们为孩子付出无怨无悔。如果你的妈妈不是天下最爱你的人，谁是呢？”于萍萍落下眼泪，她决定放学后赶快回家，向妈妈道歉。

法国文学家狄德罗说过：“没有感情这个品质，任何笔调都不可能打动人心。”写作是这样，说话也是如此。以情感人，情动辞发。充满真挚感情的话语有温度、有力量，有打动人心的说服力。有感情的话语，能融化心灵的坚冰，打破人心的隔阂。如果你无法说服别人，请思考一下，你的话语是不是充满了感情。

学校举行篮球比赛，二(6)班的大部分同学都主张弃权，因为和其他班级相比，他们班篮球打得还算不错的，挑不出三个人来，实力差距明显。同学们主张弃权，以免到时候丢人现眼。作为体育委员，钟华走上讲台，对同学们说：“是的，我们实力有差距，打起比赛只有一个结果，那就是输。输是很没面子的事情。可是，同学们，弃权就有面子吗？就像战争还没开打，我们就逃跑了，这不是更丢人的事情吗？以后其他班的同学说起这事，会耻笑我们连参加比赛的勇气都没有，我们愿意被别人耻笑吗？我们的集体荣誉感哪儿去了？我们实力不够，但是我们有勇气比赛，争取胜利，输了也会赢得尊重。同学们，你们说，该不该参加比赛？”同学们齐声回答：“该！”

充满感情的话语具有激荡人心的力量。钟华的一番话充满力量，有理更有情，从集体荣誉感出发，激发了大家的斗志，具有强大的说服力和号召力。要说服别人，就需要取得情感上的共鸣，而充满感情的话语恰恰能实现这一点。情通则理明，有了情感上的共鸣，你所说的道理自然就能被接受。

许洛的爸爸是小区保安，他觉得这是一个不太体面的职业。每次来接女儿放学，他都会提前把工作服换掉。接到女儿以后，他还会战战兢兢地问女儿：“我这样看起来像一个保安吗？”许洛想说服爸爸，劝他不必为自己的职业自卑。在《少年说》的勇气台上，许洛对爸爸说：“我并不觉得保安这个职业低人一等，因为它是这个城市不可或缺的。我想给保安这个职业换一个名字，叫‘进出口风险控制执行官’，我觉得您是最帅的进出口风险控制执行官。我现在每天吃很多很多饭，还长了肱二头肌，我现在可以做您的维护者，所以您不用把所有的辛酸难受都往肚子里咽，您也不用再为自己的职业感到难堪了。以后您来接我时，可以自信地穿上全套工作服站到校门口，这就是我心目中您最帅的样子。”许洛的爸爸听了这番话，感动得流泪。

许洛的一番话语充满了真情，让爸爸感受到了爱和感激，还有尊重和鼓励。真情流露的话语总是充满征服人心的力量。当我们要说服别人，首先就要保持真诚，投入真情，展现真实的自我，分享内心的感受，从而与他人建立情感连接，获得理解与共鸣。

真诚的情感能激发人，美好的情感能感染人。与人沟通，多说带有情感的话语，让话语充满人情味，就能实现以情服人。

劝人息怒“三步走”

当你身边的人发怒，情绪失去控制时，如果没有人及时劝阻，他可能会做出蠢事、傻事，伤害自己和他人。该如何劝其息怒呢？我们来看下面这个故事：

在一场足球比赛之后，输了比赛的流浪者队的球员乔·约翰逊怒气冲冲，要去找对方的一名球员理论。这名球员叫吉恩。约翰逊认为自己在防守吉恩时并没有碰到他，吉恩的假摔导致自己被红牌罚下，裁判还判了点球。如果不是这个点球，流浪者队不会输球。

就在约翰逊怒气冲冲地向正在庆祝胜利的吉恩跑去时，流浪者队的主教练冈萨雷斯赶紧跑过来，一把抱住了约翰逊，对他说：“请你冷静！请你冷静！”约翰逊大喊：“我要找那个骗子算账！他不配赢得胜利！”冈萨雷斯说：“孩子，我明白你的心情，请你给自己三分钟时间，坐在这里冷静一会儿，想一想你现在去找他，是去理论还是打架？在这里坐三分钟，我在这儿陪你，三分钟后再做决定。”

约翰逊坐了下来，冈萨雷斯也随后坐在他的对面。两个人都沉默不语，只是，约翰逊依然一脸怒气。

大约一分钟之后，冈萨雷斯见约翰逊稍微平静了一些，就开口说：“我们输了，这个结果并非不可接受。没有任何一支球队能保证赢得每一场比赛。从表面上看，那个点球是导致我们输掉比赛的主要原因，实际上不是。就像我平时和你们说的一样，丢球只是一瞬间的事情，在此之前所有的环节都是为丢球做铺垫。我们要承认，这场比赛我们踢得不好，这不是我们的正常水平，如果我们把握机会的能力再强一些，我们是可以大比分获胜的。如果你认为丢球是你的责任，就可能会掩盖我们在比赛中存在的问题。吉恩是假摔吗？我不确定。如果他真的是假摔，骗取点球，那是可耻的。用卑劣的手段赢得的不是胜利，而是耻辱。如果他不是假摔，只是在你的防守下，他没有控制好自己的身体而不得不摔倒，裁判没有看清楚而误判了点球，吉恩又有什么责任呢？你知道，这种情况是常常出现的，对吧。”

听了冈萨雷斯的一番话，吉恩点了点头。此时，他心中的怒气大消。冈萨雷斯接着说：“现在，三分钟时间到了。你可以去找吉恩，但是你要知道，比赛结果已经不能改变。你若是和他发生了冲突，裁判委员会一定会对你进行处罚，也许是对你禁赛一场，或者更多，球队会遭受更大的损失。如果你认为自己对球队不重要，你就任性去吧。可是我认为，你是这支球队重要的一员，不可或缺的一员。我不希望下一场比赛你不能上场，我要为找谁代替你而头疼。”

听到这里，约翰逊心中的怒气全消失了。他站起来，长呼一口气。冈萨雷斯也站了起来，两个人先是拥抱了一下，然后搂着肩膀向更衣室走去。

冈萨雷斯为何能让约翰逊的怒气消失呢？

第一步：争取冷静的时间。面对怒气冲冲的约翰逊，冈萨雷斯先让约翰逊坐下来冷静三分钟。这是给约翰逊冷静的时间，也是在为自己的劝说和疏导争取时间。愤怒的人最需要的就是冷静。人在愤怒的情况下，思考的空间变小，容易失去理智、意气用事。只有冷静下来，才能更透彻地分析事情。

第二步：理智分析，以理止怒。冈萨雷斯在约翰逊稍微平静后，对比赛进行了理智的分析，一方面讲输球不是冈萨雷斯一个人的责任，这样减轻了他内心的愧疚感；另一方面讲吉恩的摔倒，如果真的是假摔，以欺骗的手段赢得的不是胜利而是耻辱，如果不是假摔，那就是裁判的误判，而足球比赛中，这种事情是常常发生的。人相对比较容易接受司空见惯的事情。这样，约翰逊就比较容易接受球队失利的结果，内心的愧疚感进一步减轻了。以理止怒，是以理性克服感情上的冲动，使愤怒发之于情、止之于理。

第三步：谈利害，激发责任感。冈萨雷斯告诉约翰逊，如果带着怒气去和吉恩理论，会发生冲突，会被禁赛，这对于整个球队来说都是损失。最后再告诉约翰逊，他是球队不可或缺的一员，要对整个球队担负起自己的责任，激发了他的责任感，使他不能做出伤害球队的事情。

劝人息怒，首先要让对方冷静，为对方按下暂停键，为理智分析和说服争取时间，找到愤怒的原因，纠正非理性的认知，建立理性的行为认知；再谈利害，让其明白怎么做才是好的选择；最后激发其责任心，促其有所担当。这样即使他的怒气没有全部消失，也不会做出过激的事情，避免了恶果的产生。

6

批评不仅是一种手段，

还是一门艺术、一种智慧。

Chapter 6

第六章

批　评

良药不必苦口，忠言不必逆耳

批评是指出别人的缺点和不足，目的是让人变得更好。可是，谁都不愿意听到刺耳的语言，没有足够宽广的胸怀和境界，是不能够心平气和地面对批评的。这就需要我们在批评别人时，讲究语言艺术。虽然有“良药苦口利于病”之说，但是我们也可以让“良药”不必“苦口”，甚至还能加点蜜糖。

先夸赞后批评

有个叫李子木的学生平时写字不认真，作业潦草，多次受到批评，依然不改。有一次，林老师看了他交上来的作文，那潦草的字迹，真是无法直视，却还是坚持看完。林老师把李子木喊到办公室，对他说：“你这篇作文写得还可以，立意比较新颖，让我眼前一亮，就是你这字迹太潦草，有点儿影响观感。如果认真地书写工整，那该多好啊！”李子木听了，说：“谢谢林老师夸奖，我以后注意。”从此，李子木逐渐改掉了自己的毛病。

在批评别人之前，先说夸赞的话，能减轻别人的防备和抵触心理，有了前面的夸赞带来的美好感受，就能减轻批评带来的不适。我们在批评别人时，要先找到对方值得夸赞的地方，真诚地给予夸赞，然后再批评，这样就能收到良好的效果。好的批评一定没有尖刻的语言，而是如春风化雨。

轻批评重鼓励

晓峰踢足球不错，尤其是带球技术。正是因为他带球技术好，所以在踢球时特别“粘球”，球到他脚下后，他很少传给队友，为此常常被队友埋怨。有一次，踢球结束后，班长李洋对他说：“今天这球踢得不是很痛快，原因是咱们队整体配合太差。你看，球一到你脚下，大家都不跑动了，知道你可能不会传球，就看你一个人表演了。其实，你的传球技术也可以的，如果以后你多给大家传球，相信大家会特别乐意和你一起踢球。我觉得你一定可以做到，把这个球队串联到一起，起到核心队员的作用。”晓峰听了，说：“我知道了，以后会注意。”

批评别人的目的是什么？当然是希望他能变得更好。这就需要鼓励他弥补不足，积极转变。在批评别人的时候，要轻批评重鼓励。对于其存在的问题要轻描淡写，减轻其负面的感受，同时多说鼓励的话语，让对方感受到期待和变得更好的愿景。这样一来，就会促进其转变思想，接受你的批评。

少批多评做引导

向北有个不好的习惯，用别人的东西，如果别人在，他就打招呼。若别人不在，未经允许，他拿起来就用。有一次，他拿走张晗课桌里的杂志去宿舍阅读。张晗找不到杂志，十分着急。当向北把杂志还回来时，张晗一肚子火想发泄，但怕伤及同学友谊，就忍着怒火，对向北说：“原来是你拿走了，我都快找疯了。”向北说：“不好意思，你当时不在。”张晗说：“这可不是个招人喜欢的好习惯。其实这是微不足道的小事，没必要计较。可是，这影响你在大家心目中的良好形象，也容易造成矛盾，对吧？我不在，你可以告诉别的同学，或者留张字条给我。我知道是你拿走了，也不会着急，这样多好。”向北听了，抱歉地说：“谢谢提醒，我懂了。”

尽管很生气，但是张晗并没有发火，本着“治病救人”的原则对向北进行轻微的批评。张晗就用简单一句话“这可不是个招人喜欢的好习惯”，指出向北的不当行为；然后重点“评”这种行为带来的不良影响，这些不良影响也都是关系到向北本人的，让他感到是在为自己考虑；最后再引导，告诉向北正确的做法。少批是为了避免对方产生逆反情绪，多评是为了让对方认识到危害，引导是告诉对方正确的做法。一步一步，水到渠成。

人都不爱听逆耳的话，哪怕你说的是忠言。从心理学角度解释，人被语言否定时，会很容易进入“防御式倾听”。这是一种本能的反应。人一旦进入这种状态，就不会在意所听到的内容，而是警惕防备你的“攻击”。要取得好的沟通效果，要让你的批评真正地起到作用，就要做到：良药不必苦口，忠言不必逆耳。只有让别人先听进去你的话，才会有之后的反思和警醒。

隐含式批评不伤人

有的人批评别人，直接、尖锐，话一出口就伤人。批评没有取得应有的效果，还造成摩擦和矛盾。每个人都有自尊，尤其是敏感和自尊心强的人，直接的批评会让他们脸上挂不住，心理承受不住。不妨，选择隐含式批评。

罗西尼是十九世纪意大利著名的音乐家。有一天，一位意大利的年轻作曲家请罗西尼听他演奏新作。罗西尼在听的时候，一连好几次把自己的帽子脱下戴上，戴上又脱下。年轻作曲家演奏结束后，问他为什么这样脱帽戴帽。罗西尼回答说："我有个习惯，每逢遇到老相识，总要脱帽招呼一下。"

罗西尼听出来年轻的作曲家抄袭了别人的作品，他没有直接说，而是选择脱帽这个奇怪的动作。当年轻的作曲家疑惑询问时，他解释了自己脱帽的原因。听上去，他没有一句批评，却委婉地指出年轻作曲家的错误。这就是隐含式批评的妙用，不仅可以避免直接的批评给他人带来难堪，还显得批评者风趣幽默有修养。

林峰上课总是迟到，有时一周迟到四次。为了让林峰改掉迟到的坏习惯，班长赵晗故意取下自己手腕的手表，对林峰说："我的表送给你戴。"林峰说："我自己有表，为什么要戴你的？"赵晗说："你的表可能不太准，不然你不会总迟到，所以，戴上我的表，你肯定能准时上课。"林峰听了，明白了赵晗的用意，从此便多加注意，改掉了迟到的毛病。

面对经常迟到的林峰，班长赵晗没有直接批评，而是通过借表这件事，委婉地提出批评和希望改正的建议。赵晗把批评的意味隐藏起来，在不伤及林峰颜面的情况下，起到良好的效果。隐含式批评，是把不方便说的话或者不必要直说的话，以含蓄的形式表达出来，达到启发他人醒悟的目的。

战国时的齐景公，是个爱马如命的国君。有一天，他的一匹心爱的马突然死去，齐景公非常伤心，认为是马夫没有照顾好自己的爱马，要杀掉马夫。众大臣一直劝阻，不可因为一匹马而用酷刑。可是齐景公不听劝告。这时，国相晏婴从群臣中走出来，说："这个可恶的马夫，该杀！"齐景公听了十分高兴，终于有人支持自己了，便命人把马夫带过来，听晏婴陈述他的罪过，也是想让他心服口服。晏婴对马夫说："你有三大罪状。第一，你饲马不够细心，让马突然死去，此乃第一条罪；第二，你让马突然死去，惹恼君主，不得不下令处死你；第三条罪是你触怒国君因一匹马杀死你，使天下人知道我们的国君爱马胜于爱人，因此天下人都会看不起我们的国家，这更是死罪中的死罪，罪不可恕！"齐景公一听，明白了，这是晏婴在批评自己，怎么能为一匹马杀人，让天下人看不起呢？于是，他便赦免了车夫。

批评君王，那可是有获罪的危险，甚至可能赔上性命。晏婴采用隐含式批评，暗度陈仓，明着是说车夫的罪过，其实是隐晦地批评齐景公的错误，点醒了齐景公，让齐景公明白了因马杀人对自己和国家的声誉不利。晏婴这样的隐含式批评，话语委婉，方式迂回，暗示性强。尤其适合批评强势者。

批评别人时一定要避免那种直接、尖锐的方法，要以隐晦、暗示的方式指出对方的缺点和错误，并对对方的缺点和错误进行以理服人式的批评教导。这样做可以保护被批评者的尊严，有利于缓和被批评者的对抗情绪、逆反心理，使对方感受到你的批评是真诚的，从而虚心地接受。

聪明的人不说“你错了”

没有人喜欢听“你错了”三个字，即使他真的做错了。因此，在指出他人的错误时，尽量不要直接说“你错了”，要尽可能地委婉。

“是不是不太好”

如果一个人做错了，你要指出他的错误，不说“你错了”，可以用委婉的语气问：“是不是不太好？”比如，你刚打扫完教室的卫生，有人扔了一个纸团在地上，你可以说：“你这样做是不是不太好？能不能尊重一下我的劳动成果，谢谢。”这样说，对方的反应肯定要相对温和，要比你说“你这样做不对”“你这样做是错误的”等效果要好得多。想要指出别人的错误，你的语气越委婉，负面字眼和词汇用得越少，对方接受的可能性就越大。反之，对方的反应就会越激烈。

纠正他人的错误是一件容易得罪人的事情，因为谁也不愿意承认自己的错误，更不愿意被人当面批评。你选择什么样的方式，决定着别人的反应，也决定着你们之间的关系。掌握分寸，委婉批评，给对方留一点面子，不仅让被批评的人易于接受，还能提升批评者的个人形象。

“你这样做（说）会不会更好”

别人做错事，说错了话，当你有必要指出来的时候，你不必告诉他，他错了，而是以提建议的方式，告诉他正确的做法（说法），可以对对方说：“你这样做（说）会不会更好……”比如，自习课上有同学说话，影响了你学习，你可以说：“你们课后交流，或者去外面交流，是不是就没有顾及，可以大声地、畅快地、尽情地交流……”这样说，一是隐含地表示了你的不满，二是给了他们正面的建议。相对而言，对方比较容易接受，你也保持了礼貌和风度，不会造成摩擦和矛盾。

并不是每个人都乐意倾听他人的批评，有人做错了事情，不仅不会承认，还会找各种理由为自己辩解。如果你的言辞不当，就会引起一场激烈的争吵，结果两败俱伤。记着，生气和指责并不能解决任何问题，只会伤害对方的自尊心，增加对方的抗拒心理。委婉一点，以商量或者提建议的口吻，至少能避免争执和矛盾。

“我不太在意，希望你以后别这样了”

如果别人的错误给你带来了不便和麻烦，如果不是原则性的事情，你不必计较，以表明你的大度。然而，你应该让对方知道他错了，以免他不改正，甚至会得寸进尺。你可以不说“你错了”，而是先陈述事实，再说“我不太在意，希望以后别这样了”。比如，同学知道了你一个秘密，你告诉他不要告诉别人。可是，他不小心说出去了。你可以说：“你把我的秘密告诉别人了，我感觉不太好。但我不在意，希望你以后别这样了。”这样说，你既展现了自己的宽容、大度，也提出了自己的要求。相信，他会被你的宽容打动，也会对自己的错误加以反省。

谁都会犯错，这世界找不到一个永不犯错的人。面对别人的错误，给予包容和谅解，要比计较对你更有利。宽容的话语能带给人内心的震动，让人反省。古人云：“人之谤我也，与其能辩，不如能容。人之侮我也，与其能防，不如能化。”宽容不是软弱，不与人计较、不深究不是怕他，而是不愿激化矛盾，是在面对问题时拥有冷静的头脑，选择最佳的回应。

不要对别人的错误太敏感，更不要轻易刺激任何人，这样你的人际关系会更加和谐，你活得也会更加轻松。

幽默，给批评加点润滑剂

不懂幽默的人，批评他人总是冷着脸，严肃得让人畏惧。被批评者往往会产生逆反心理，接受效果当然也不会好到哪儿去。如果懂得幽默，用委婉、含蓄、诙谐的话语去批评，就容易让人接受。可以这样形容：幽默的批评像一阵鸟鸣，鸟鸣之后，人们惊醒，发现了美丽的春天……

自习课上，王老师去教室巡视。看到教室里很乱，有的学生在说笑，有的学生在睡觉，有的学生在眼观窗外。王老师走上讲台，故作严肃地说："如果坐在中间谈笑的那几个同学，能像那位观看窗外景色的同学那样安静的话，我相信，在前面睡觉的两位女同学会睡得更香甜。"话音刚落，教室里哄堂大笑。睡觉的被叫醒，说话的停止了，观景色的同学收回了目光。

短短两句话，批评了自习课上的三种不良现象，幽默诙谐，也不至于让犯错的同学面子受损。这样的老师谁不喜欢呢？幽默的批评是重语轻说，让话语变得意味深长，能避免批评带来的负面后果，避免产生情绪的对立。幽默的批评如同春风化雨，润物无声，带来潜移默化的影响，改变被批评者已经形成的心理定势和意向。

一个朋友向马克·吐温请教，希望马克·吐温对他的作品提一些意见，并嘱咐道："有什么意见尽管提。"马克·吐温看完作品之后，郑重地向朋友表示："还是让我们继续保持友谊吧。"朋友顿时明白了马克·吐温的言外之意。

面对缺点很多、水平很差的作品，如果一一指出，既浪费时间又伤害感情。修养再好，也架不住你长时间的批评。马克·吐温一句幽默的话就解决了问题。他没有直接评价作品，而是说了一句"让我们继续保持友谊吧"，意味深长，意思是真要批评，我们连朋友都没得做了。这样幽默的批评具有分寸感，给被批评者留余地，使其心领神会。

同马克·吐温一样，我们的文学巨匠鲁迅先生也是一位幽默高手。他的夫人许广平曾经写了一篇名为《罗素的话》的论文，拿来请鲁迅指正。鲁迅认真阅读后，这样评价：“拟给九十分，其中给你五分，这五分包括抄工三分，末尾的几句议论二分，余八十五分给罗素。”

鲁迅的本意是批评许广平的论文引用罗素的观点太多，而自己的独立见解太少。他没有直接说出，而是用幽默风趣的语言，以调侃的语气说出，可谓精妙。幽默风趣的话语能让被批评者在会心一笑的心理状态下接受批评，值得我们多学习。

幽默是语言的高境界，用幽默的方式说出严肃的真理更能令人接受。批评要做到幽默，就要求我们用一种乐观而独特的视角去看待现实生活中所发生的事情。它不是刻意做作，而是内心智慧和乐观情绪的自然表露。

暗示式批评更有力量

冯骥才在美国访问时，一个美国朋友带儿子去看望他。说话间，那孩子爬上冯老那有些摇晃的床铺，站在上面拼命蹦跳。这时，冯老如果直接喊孩子下来，势必会使其父难堪，也让人觉得自己不够热情。于是，冯老笑着对朋友说："请您的孩子到地球上来吧。"那位朋友没有对孩子进行指责，而是顺着冯老的思路，同样不失幽默地回答道："好，我和孩子商量商量！"

冯老的话使本来很困难的批评变得顺利起来，而且创设了比较融洽的氛围。委婉暗示，能够在不"伤人"的情况下展开温馨的批评。

一个人犯了过失，并不等于他一无是处。在批评对方时，如果只是一味地埋怨和指责，一味地厉声呵斥，他就会感到心理不平衡，感到委屈。批评是一门艺术，有效的办法之一就是暗示式批评，不直接表达不满，而是给对方暗示，让对方知道那是不对的。

右骁卫大将军长孙顺德给人办事，收了二十匹绢绸。这事被唐太宗知道了，唐太宗没有让监察部门去查办，而是在朝会上说："长孙顺德收受别人的绢绸，说明什么呢？说明他的家里很缺这种东西。所以我宣布，奖励顺德将军绢绸五十匹，让他背回家去。"接着，唐太宗让人搬出五十匹绢绸，一匹一匹地往长孙顺德身上放，一边放一边问："背得动吗？"长孙顺德欲卸不敢，欲背不能，僵在那里，恨不得找个地缝钻进去。散朝后，大理少卿胡演问唐太宗："顺德枉法受财，罪不可赦，奈何复赐之绢？"唐太宗说："每个人都有人性，获得绢绸的侮辱超过了刑事处罚。如果他还不知惭愧，就好比一个禽兽，在众人面前已经无法立足，杀不杀都无所谓。"后来，长孙顺德改邪归正，不仅自己没有贪贿，还在任泽州刺史期间查办了几个贪官。

暗示式批评，就是不明说，而是用含蓄的话使对方认识到自己的错误。唐太宗没有惩罚长孙顺德，反而在朝会上奖励了他，这表面上是一种奖励，其实是一种变相的惩罚，更是一种批评，只是这批评不是明示，而是暗示。暗示式批评，一定要含蓄地点出问题所在，这样既能使对方领会你的意思，又保全了他的面子，他自会从心底里感谢你，并最终改正自己的错误。

一天晚上，某大学教师老李和同事司徒先生一同下班准备回家。在出校门口的时候，走在前面的司徒先生不小心与一个民工相撞。当时，民工手中提着的油漆桶被掀翻，油漆溅了司徒先生一身。司徒先生顿时火冒三丈，尽管民工一个劲儿地道歉，司徒先生还是对民工口吐脏言，骂得不堪入耳。很快，就有很多人跑过来看热闹。老李见同事骂得实在过分，便想劝劝他收手。但老李知道司徒先生的脾气比较暴躁，所以并没有拉走正在气头上的司徒先生，也没有跟他说骂人是不对的道理，而是来到司徒先生的身边，轻轻地在他耳边说了一句："你是大学的教授啊！"司徒先生听到此话，气焰顿挫，即刻满脸羞愧，悻悻而去。

在这样一个特殊的场合，情急之中的人往往会说出一些与身份不符的粗俗或过激之词。在这个时候，只要用对方的身份点化暗示对方，就可以得到很好的批评效果。老李就很好地运用了此法，一句“你是大学的教授啊”，婉转地批评了司徒先生。老李的暗示式批评中无疑蕴含着深刻的思想内容，即大学教师是有修养的，而你这样骂人是没有修养的表现，有愧于大学教师的称号。所以，司徒先生自知理亏，只得偃旗息鼓了。

在与人谈话时，如果能巧妙地运用暗示式批评，既可节约语言，又可使意蕴深刻明白，使对方从暗示信息与自己观点的比较中认识自己的误差，抛弃自己的错误言行。如此，我们就能很好地达到我们想要批评对方的功效了。

7

幽默是学识、智慧和修养
在语言表达中的闪现，
让一个人更有人格魅力。

Chapter 7

第七章

幽　默

偷梁换柱：偷换出来的幽默

在语言交际中，偷梁换柱其实就是一种“换用”的说话技巧。“换用”一般是指故意歪解或曲解原来话语的意思，根据自己的需要以此代彼。在理解的反差中萌生幽默感，让人发笑，引人深思。

在一次宴会上，美国作家海明威的发言引来许多人的赞叹，一个名声不太好的富翁想套近乎，就跑到海明威面前，问道：“到底哪一种写作方式是最好的呢？”海明威双手一摊，说：“从左到右！”

富翁说的是写作方式，是艺术手法的范畴，海明威偷梁换柱，用在纸上写字的习惯来代替。巧妙的回答，让富翁无法挑剔。面对一个讨厌的人，这样的敷衍可谓高明，既避免给对方留下“不屑”的印象，又不失风度。

在学校食堂，李欣在窗口排队打饭，一个高个子同学插队站到他前面。面对不文明行为，直接出言批评可能会造成摩擦和冲突。李欣便幽默地说道：“真是隔行如隔山啊！这位同学突然出现在我面前，窗口我都看不到了。”高个子同学一听，转身一笑，说：“不好意思，刚才没看到你。”说完，他到后面排队去了。

“隔行如隔山”的“行”是指“行业”，李欣偷梁换柱，用作表队列的“行”，委婉地提醒高个子同学要文明排队。这样幽默风趣的提醒，效果要比直截了当好百倍，既能达到目的，又不伤人颜面，避免了矛盾和冲突。

在开学典礼上，张老师作为代表上台讲话，当他迈上台阶时，一个趔趄，摔倒了。这下全场哄堂大笑。张老师在笑声中站起来，转身对学生说：“同学们，我就是想告诉你们，学习不易，要上一个台阶有多难。”此言一出，笑声变成了掌声。当他走到讲台上，又对同学们说：“虽然不易，但是只要坚持，就一定能到达想要到达的地方。”

当众摔倒，无疑是出丑。这个时候，如果你懂得为自己救场，就能避免长时间地陷入尴尬中。张老师将讲台的“台阶”偷换为学习成绩的“台阶”，契合当时的情境，把自己的摔倒变成一个学习的道理，可谓机智、巧妙。

偷梁换柱，原本是个偏贬义的词，指用偷换的办法，暗中变换事物的本质或内容，以达到欺蒙混骗的目的。运用到语言交际中，就会起到制造幽默的效果，显示出一个人的机智和口才。

使用类比，幽默地讲道理

所谓类比，就是由两个对象的某些相同或相似的性质，推断其在其他性质上相同或相似的一种推理形式。在沟通中运用类比，有助于把道理讲得生动，把事物讲得形象，还能给人幽默感。

著名作家刘绍棠去一所学校做演讲。演讲结束后，有名女学生问他："既然文学要真实地反映生活，那为什么您总唱赞歌，不唱悲歌呢？难道社会没有阴暗面？"

刘绍棠没有先作回答，而是问女生："你喜欢照相吗？"女生点点头。

刘绍棠反问："你脸上有光滑漂亮的时候，也有长疮疤不干净的时候，你为何不在长疮疤的时候去照相？"这一问，那女生笑了。现场观众都报以掌声。

面对难题，刘绍棠没有急于回答，而是用一个反问，把写作和照相作类比，风趣诙谐，答案不言自明，这就是类比的妙用。那些不好回答、不好解释的问题，一个类比就轻松地破解了。

晏子使楚的故事成为经典流传，晏子的口才艺术让后人叹服。其中一个片段就巧妙地使用了类比。

楚王邀请晏子，正喝着酒，两个公差绑来一人。楚王问："绑的什么人？"公差答："齐国人。"楚王问："犯了什么罪？"公差答："犯了偷窃罪。"楚王看了一眼晏子，问："齐国人本来就善于偷东西吗？"晏子说："我听说过一件事，因为水土条件不同，橘树生长在淮河以南的地方则为橘树，生活在淮河以北的地方则为枳树。只是叶子相像，果实不同罢了。这个人生在齐国不偷东西，难道是楚国的水土使他喜欢上偷东西吗？"楚王笑着说："圣人是不能同他开玩笑的，我反而自认倒霉了。"

面对楚王的羞辱，晏子机智勇敢，善于应变，巧妙运用类比，淮南比齐国，淮北比楚国，用"橘"来比齐国的人，用“枳”来比楚国的人。齐国的人到了楚国，楚国的水土就改变了他。楚王本是想羞辱齐国的，晏子类比反驳，轻巧取胜，又不失幽默感，避免了一场外交事故。

迎新晚会就要到了，李乐在教室布置活动会场，尝试了几次桌子的摆法，大家都不满意。有的同学嫌乱，有的嫌空间小。最后一次调整，终于得到大家的认可。赵信说：“忙活了大白天，浪费时间，一开始就这样摆多好。”李乐说：“早晨你吃完第五个包子觉得吃饱了，难道前四个包子都白吃了吗？”赵信伸了伸大拇指，说：“你这个类比，我服！”

布置会场有一个摸索的过程，调整几次才达到最佳效果也是自然的。赵信却认为前面的工作都白做了。李乐拿吃包子类比，之所以第五个包子吃完才觉得饱，是因为前面吃了四个包子。这样的类比贴切形象，语言显得风趣，道理讲得生动，让人轻松接受。

使用类比，创造幽默，化繁为简，可以使语言变得生动有趣，使深奥的道理变得形象化、通俗化。

一语双关，隐含的幽默意味深长

一语双关，是指一个词或一句话有两个意思，一个是表面的意思，一个是隐含的意思。其实就是利用语意相关或语音相近的特点，使语句具有双重意义，造成言此意彼的效果。它能曲折地表达思想感情，使语意含蓄，也使语言幽默诙谐。

明代程敏政机智过人，思维敏捷，从小就有“神童”之称，声名远播。他长大后，更显得智慧过人。宰相李贤欲招他为婿。程敏政也十分中意李家女儿。李贤想测试一下未来的女婿，便指着宴席上的藕，说：“因荷（何）而得藕（偶）？”程敏政立即对答：“有杏（幸）不需梅（媒）。”李贤大喜，下定了将女儿嫁给程敏政的决心。

李贤的测试是一语双关，程敏政的回答也是一语双关。两人用的都是谐音双关，利用汉语的同音字，有意使话语具有双重意义，且重在所隐含的意义上。中国文字博大精深，易于双关，因而双关语是人们常常用来开玩笑的方式。而为了让自己的口头表达更幽默、更深入人心，可以经常使用一语双关的方式来制造效果，实现言在此而意在彼的表达。

一个小男孩站在柜台前，凝视着一盒打开的巧克力饼干。食品店老板打趣地说：“喂，你想干什么？”小男孩说：“哦！没什么。”老板说：“是吗？我怎么觉得你好像想拿一块饼干呢？”小男孩答：“不，你错了先生，我是想尽量不拿。”小男孩的机智和可爱逗乐了老板，他直接把那盒打开的饼干送给了小男孩。

小男孩想拿饼干，他为此做思想斗争。老板点破说他想拿，小男孩却从另一个角度解释“我想的是尽量不拿”。小男孩这是借助一语双关、巧妙暗示，起到四两拨千斤的效果。

冯卡门是著名的航空大师，在他八旬高龄时，美国政府授予他一枚“国家科学勋章”。当授勋仪式结束后，冯卡门走下台阶时，患有严重关节炎的他步履艰难。美国总统急忙上去搀扶他。冯卡门表示感激之后，轻轻推开总统的手，说：“总统先生，下坡而行者，无须搀扶，唯独举足攀登者，方求一臂之力。”

冯卡门的这番话使用了一语双关的语言技巧，字面上说的是上坡下坡，实则是希望总统和政府平时要多关注在困难条件下向科学的高峰攀登的科研工作者。因为默默无闻的向上攀登者更需要助力。

双关具有一箭双雕的特点，在说话时表现出一种幽默的机智，能委婉含蓄地表达自己的真实意思。尤其在不便直接言说时，使用一语双关的表达，更容易达到目的，同时给自己留有余地。

有个女生喜欢挑刺刷存在感，大家在闲聊的时候，原本很和谐的气氛，却因为她的品头论足瞬间被打破。这天，女生又喋喋不休地挑刺。她身旁的一个男生笑着说：“改天我请你吃全鱼宴吧，我发现你挑刺挺在行的。”女生顿时明白了，佯装生气道：“你敢损我，我答应了，到时我要好好宰你一顿。”

一语双关常常是用来转移概念的良好媒介，运用这种方法的关键是找到一个能容纳不同内涵的概念或词语。“挑刺”就是这样的词语，表面的意思是吃鱼挑刺，隐含的意思是对人对事比较挑剔。朋友之间，如此含蓄委婉的批评，可谓是忠言善道，既达到批评的作用，又给朋友留了面子，不至于伤害感情。

一语双关含蓄委婉、生动活泼，又诙谐幽默、饶有趣味，能给人以意在言外之感，耐人寻味。在与人沟通时，我们可以择机使用，让沟通变得更顺畅。

遭遇嘲讽，幽默应对

每个人在生活中都会遭遇嘲讽，很多嘲讽来自身边人，包括亲朋好友，其实他们并无恶意，只是开开玩笑而已。尽管如此，如果应对不当，会让自己陷入尴尬的境地，还会伤害和谐的人际关系。因此，学会应对嘲讽很有必要。

孙凯颜值低，朋友常拿他开玩笑。一次，同学调侃他："颜值高就是优势，可惜你这颜值，只有吃亏的份。"同学们哄堂大笑。孙凯说："我怎么可能吃亏？我的颜值我看不到，不会觉得难受，你们是能看到的，难受的是你们，所以吃亏的不是我。"同学们又笑了，只不过这一次不是嘲笑，而是为孙凯的机智、幽默点赞。

孙凯抓住"吃亏"这个词，从全新的角度来解读，把颜值低的劣势转化为优势，避免了自己陷入尴尬的境地。话语幽默，应对巧妙，展现出来的不仅是机智，还有豁达、乐观的性格，实在为自己在同学们心目中的形象加分。

李颖的脸型有点儿方，看上去比普通人的脸大，常被人开玩笑。有一次，表哥说："看到你，我就想起机器猫。你的脸是不是照它的模样长的。"李颖说："你这是嫉妒我，我这脸是一种美德，一看就让人觉得是好人。"表哥说："什么美德？"李颖笑着回答："这大脸，叫'宽容'，不是美德吗？"表哥笑得前仰后合。

面对表哥的调侃，李颖巧借"宽容"的字面意思幽默回应，实在巧妙。当嘲讽来时，沉默躲避是躲不过尴尬的，生气回应只会说出伤害感情的话，也让人觉得开不起玩笑。幽默应对，巧言化解才是智慧的选择。

于飞的学习成绩不好，一直很努力，就是不见效果。有时，他都说自己笨。有一次，他向同桌请教一道题，同桌讲了三遍，他依然不懂。同桌说："你这个脑袋一定是花岗岩的构造，怎么这么不开窍呢？"于飞说："你说得没错，我觉得也是花岗岩的。我正准备申请世界物质文化遗产，花岗岩脑袋，人间奇迹，可得保护好了。"同桌听了说："我一定要把你这个花岗岩脑袋撬开，让你灵通无比。"

弱点就是弱点，不会因为你的掩饰而改变。面对同桌的玩笑话，于飞顺承而下，勇于自嘲，夸大自己的"花岗岩"脑袋可申请世界物质文化遗产。这样做无疑会赢得好感，让人看到他宽广的心胸和阳光的性格。

懂得幽默的人总是能以正向的心态和积极的思维去面对生活中的各种尴尬和困难，他们懂得用宽容来对待别人，用自嘲来保护自己。学会幽默，就等于掌握了最能直击人心的语言力量，以及最能打动人心的表达艺术。莎士比亚说："幽默和风趣是智慧的显现。"幽默风趣的人没有能被真正难倒的生活难题，有幽默感的人走到哪里都会受到欢迎。

幽默一到，难题让道

有句话说：“幽默面前没有难题，如果有，那就是你还不够幽默。”幽默作为一种能力，是一个人情商的体现，能给人带来快乐，也能解决难题。

幽默解除尴尬

有位德国的指挥家随团来中国演出，演出结束后，他接受中国朋友的邀请共进晚餐。由于朋友的疏忽，桌上没有摆放西方人使用的刀叉餐具，他只好拿起筷子，笨拙地左夹右夹，却夹不起想吃的菜，场面显得滑稽可笑。他放下筷子，说：“一根棒子可以让我吃饱饭，两根棒子恐怕会把我饿死。”在座的听了，都哈哈大笑。朋友赶忙去拿刀叉。

面对尴尬，指挥家由筷子联想到指挥棒，那根棒子是他的工作，能养家糊口、填饱肚子，而吃饭用的“两根棒子”却无法让他夹到想吃的菜，看着美味只能挨饿。两相对比，形成强烈的反差，达到了很好的幽默效果，为自己解除了尴尬。幽默是解除尴尬的良方，生活中遇到令自己尴尬的事情，不妨幽默一下，为自己解除尴尬，也给他人带来快乐。

幽默地表示不满

郑爱文的婆婆喜欢唠叨，就算是鸡毛蒜皮的小事也常常说个不停，告诉郑爱文该如何做，常常讲她认为对的道理。婆婆是长辈，郑爱文不能顶嘴和反驳，以免婆婆生气，影响家庭和睦。怎么办呢？有一次，婆婆又唠叨上了。等她说完，郑爱文说：“妈，我嫁到咱们家，感觉像考进了一所培训学校，而且永远毕不了业。我学习累，您这个老师更累吧，咱俩为何不都轻松点儿。”婆婆一听，笑了。从此之后，婆婆的唠叨渐渐地少了。

郑爱文把家庭生活的琐事和学校学习联系起来，把婆婆的唠叨比作老师的教导，巧妙地嫁接，引起事情与语境相排斥、冲突而产生意想不到的幽默效果，避免了直接表达不满带来的矛盾和冲突。幽默能让语言变得悦耳，让听者愉快接受，这是用来表达不满的好方法之一。

幽默地反击

俄罗斯有一位著名的丑角演员杜罗夫。在一次演出的幕间休息时间，一位傲慢的观众走到他身边，讥讽道："丑角先生，观众非常欢迎你。"杜罗夫说道："还好。"观众继续嘲讽："要想在马戏班中受到欢迎，丑角不是必须要具有一张愚蠢又丑怪的脸蛋吗？"杜罗夫听了，呵呵一笑，然后回答说："如果我能有一张先生您这样的脸蛋的话，我准能拿到双薪。"那个傲慢的观众听了，灰溜溜地走开。

面对观众的嘲讽，杜罗夫没有选择尖锐的反击，而是使用幽默的语言，进行巧妙的反讽。面对别人的羞辱，幽默地回击既能很好地保护自己的尊严，又能将他人的攻击消灭于无形，避免激化矛盾。

幽默地拒绝

庄子的思想和才华，被世人欣赏和尊敬。一些从政的人希望庄子辅助自己，劝庄子做官。这天，又有一个人来劝庄子。庄子说：“你看到太庙里被当作贡品的牛马了吗？当他们没被宰杀时，披着华丽的布料，吃着比较好的饲料，的确风光，可是一旦到了太庙，被宰杀成为牺牲品，再想自由自在地生活，可能吗？”来人听了，会意一笑，不再勉强庄子。

庄子没有正面回答，而是用了一个贴切的比喻，表明了自己的追求和志向，幽默委婉地拒绝了对方的提议。用幽默的语言去拒绝，能避免生硬的话语伤害彼此的感情，避免给人际关系带来障碍，也能让人体面地知难而退。

幽默一到，难题让道。幽默可以缓解谈话人的消极情绪，消除沮丧、尴尬和痛苦。生活中许多令人为难的事情，都能用幽默轻松自如地应对。用幽默来处理烦恼和难题，会使人感到和谐愉快。尽管它需要天赋，但后天也是可以学习和练习的。只要我们保持幽默的思维，习惯用幽默的方式解决问题，慢慢地成了一个幽默高手。

8

要想活得轻松自在，

学会拒绝是我们必修的课题。

Chapter 8

第八章

拒　绝

拒绝，不妨来点幽默

面对别人的要求，自己无法满足，又担心生硬拒绝伤人颜面，给人际关系制造障碍。而幽默拒绝则不一样，既能达到拒绝的目的，又不会让人难堪。

一位美国记者读了钱锺书的作品，非常喜欢，对钱锺书也充满敬佩。她想登门拜访钱锺书。钱锺书一向不喜与陌生人交往，接到电话后，拒绝道："假如你吃了个鸡蛋，觉得不错，何必要去认识那只下蛋的母鸡呢？"美国记者听了，笑了，最后取消了拜访的计划。

1991年，全国18家电视台拍摄《中国当代文化名人》，首批有36人入选，都是文化巨匠。入选可谓是一种莫大的荣誉，可是钱锺书拒绝了。当被告知会有一笔酬金时，钱先生一笑，然后说："我都姓了一辈子'钱'，难道还迷信钱吗？"

第一个拒绝中，钱锺书将自己的作品比作鸡蛋，将自己比作母鸡，比喻生动、鲜活，让人听了忍俊不禁，相对也能轻松地接受被拒绝。第二个拒绝，则是一句话表现出令人敬佩的风骨，又不失风度。这样的拒绝得体不生硬，被拒绝的人也不会觉得难堪，还可能会心一笑，为你的语言技巧所折服。

幽默的拒绝体现了一个人运用语言的技巧和沟通能力，也体现出一个人的修养。比起生硬的拒绝，它让人显得优雅、含蓄和善良。

1927 年，鲁迅到中山大学从事教学工作，他特别鼓励青年学生从事文学创作。一些进步青年创办了文学团体“南社”，他们希望鲁迅给创刊号撰稿。当时鲁迅刚到广州，加上文坛上还有不同主张的人批评鲁迅，鲁迅觉得这个时候为新成立的文学社撰稿并不合适。可他又不想打击进步青年的积极性，于是对他们说：“文章还是你们自己先写好，我以后再写，免得人说鲁迅来到广州就找青年来为自己捧场了。”青年们说：“我们都是穷学生，如果刊物第一期销路不好，就不一定有力量出第二期了。”鲁迅说：“要刊物销路好也很容易，你们可以写文章骂我，骂我的刊物也是销路好的。”青年们听完，都会意地笑了。

鲁迅拒绝撰稿，把原因说成不想被别人视作找青年为自己捧场，这样，拒绝的原因就和青年们无关了，同时让青年们理解了自己的难处。而后带有自嘲的意味，借用自己当时的处境，说“骂他”的刊物销路就能好，以风趣的话语降低了青年们因为被拒绝而产生的失落之感。这样的拒绝不失长者风范。

意大利音乐家罗西尼出生于1792年2月29日，因为每四年才有一个闰年，所以他在过第18个生日时，已经72岁了。在生日的前几天，一些朋友来告诉他，说大家筹集了两万块钱，要为他立一座纪念碑。罗西尼听了，说：“浪费钱财！给我这笔钱，我自己站在那里好了。”朋友们明白了他的意思，便取消了立纪念碑的计划。

罗西尼不愿意朋友们花钱为自己立碑，但面对朋友们的好意，他又不能生硬拒绝，便说出“自己站在那里”这样一个荒谬滑稽的结果，在巧妙拒绝的同时产生了强烈的幽默效果。实在绝妙！

拒绝，是一门学问，能体现一个人的语言驾驭能力和交际能力，也能体现一个人的品性和修养。一个懂得运用幽默拒绝的人是智慧的，也是善良的。因为，他知道在不让自己为难的同时还为人着想。这样的人即使拒绝了别人，也不会惹人不快。

给对方一个有说服力的理由

拒绝别人不难，难的是要别人心悦诚服地接受。这就需要一个有说服力的理由，拒绝的过程其实也是说服的过程。

说出自己的难处，唤起理解

林海约了多个同学周日去踢足球，不巧的是，郑朝阳周日要去看乡下的爷爷奶奶，面对林海的邀请，他只能拒绝。林海说："算上你，正好十四个人，分成两队，你要不去，人就不够了。大家都去了，就你缺席，不够意思。"郑朝阳说："真对不起，我也特别想和大家一起踢足球，可是我都两个月没去看爷爷奶奶了，你知道，我从小是跟着爷爷奶奶生活的，他们特别疼爱我。上次我爸爸妈妈回去了，我没去，我爷爷奶奶可失落了，吃饭的时候不停地念叨我。你说，这次说好了回去，我要是不回去，爷爷奶奶肯定会难过。对不对？我不去踢球，你可以找到很多同学代替我，可谁也不能代替我去看爷爷奶奶。”林海听了，对郑朝阳说：“你说得对，应该去看爷爷奶奶，我们下次再一起踢球。”

面对林海的邀请和“不够意思”的指责，郑朝阳说出了自己的难处，他要去看爷爷奶奶，言明自己和爷爷奶奶的感情，踢球和去看爷爷奶奶相比，孰轻孰重？答案很明显。只要是通情达理的人，都会给予理解和支持。所以，在拒绝别人时，要真诚地说出自己的难处、拒绝的原因，唤起对方的理解。有了理解，对方就不会对你的拒绝产生负面情绪了。

从为对方考虑的角度给出拒绝的理由

北北的弟弟被同班同学欺负了，北北喊上平时几个要好的同学要去给弟弟出气，教训一下欺负弟弟的人。子涵不仅拒绝加入，还阻止北北这样做。北北说：“你是不是哥们，平时玩那么好，关键时刻指望不上！”子涵说：“我不去，也不让你们去，是为你好，为你弟弟好。你想一想，现在我们去教训那个欺负你弟弟的同学，违反校纪，还不能解决问题，反而会造成更多的问题。人家没有哥哥？没有家人？咱们打了他，他的家人会接受吗？到时候会怎么样？肯定对你不利。再说，我们是不是要解决问题，要他以后不再欺负你弟弟，那就想想有没有好的办法。告诉他们的班主任，班主任不会不管的。你要找班主任，我陪你一起去。或者你自己找那位同学心平气和地谈一谈，看看他和你弟弟有什么矛盾，化解一下，让他和你弟弟成为好朋友，即使成不了好朋友，也不能再欺负你弟弟。”北北听了子涵的话，冷静下来，同意去找弟弟的班主任。

很多人就是因为不懂拒绝，不会拒绝，凭着兄弟间的义气，热血上头，结果做了错事，悔之晚矣。子涵拒绝北北的邀请，并阻止他去教训欺负弟弟的同学，并不只是站在自己的立场上，更是站在北北的立场上，为他考虑，告诉他应该怎么做，怎么做才是解决问题的好选择。站在对方的角度来说拒绝的理由，说服的效力会更好，在拒绝的同时还能帮助对方，可谓一举两得。

拒绝的同时要给予力所能及的补偿

孙恕的作文在全校比赛中获得了特等奖，赵远和一群同学向他祝贺，并提议他请客，请大家去吃比萨。同学们也纷纷赞成。可是请这么多同学吃比萨，孙恕就算把一个月的生活费都花完，钱也不够，他还得张口向爸爸妈妈要钱。可是如果不请，又怕扫了同学们的兴。于是，他就对赵远和同学们说："就是学校的比赛获个奖，如果大张旗鼓庆贺，太高调了，好像不太合适。这样吧，我请每人吃一个冰淇淋吧，带巧克力的那种。"听孙恕这样一说，大家不约而同地说："好！"

要求被拒绝，谁都不会舒服。可是面对不合理的要求，或者自己无法满足的要求，除了拒绝没有其他选择，但可以在拒绝之后给予力所能及的满足。孙恕拒绝请吃比萨的提议，理由是避免"高调"，而后给予请吃冰淇淋的补偿，这样同学们也能愉快地接受。他和同学们的关系不会因为拒绝请吃比萨而受到伤害。

给拒绝一个有说服力的理由，让对方理解并愉快地接受你的拒绝。这样，友好的关系不会因为拒绝而受影响。当然，你的理由一定是真诚的，而不是为了拒绝就随便找一个理由，那样的理由是没有说服力的，比直接的拒绝还伤害感情。

请学会间接说“不”

《人间失格》里有这样一句话：“我的不幸，恰恰在于缺乏拒绝的能力。我害怕一旦拒绝别人，便会在彼此心里留下永远无法愈合的裂痕。”生活中，一个人的很多烦恼都源自不会拒绝别人，对于别人的请求来者不拒，害怕说“不”会破坏与对方的关系。如果我们担心直接说“不”会伤害感情，那就要学会间接说“不”。

角色置换

美国第32任总统罗斯福在担任总统之前，曾担任海军要职。当时，美军有一个在加勒比海的一座岛上建潜艇基地的计划。有记者就这个事情采访罗斯福。可是这个事情涉及军事机密，罗斯福是不能说的。罗斯福想回避这个问题，可又不愿意直接拒绝，搞砸了和媒体的关系。于是，他问记者："你能不能保密？"记者回答："我能。"罗斯福笑笑说："我也能。"记者顿时明白了罗斯福的用意，不再追问。

涉及军事机密，罗斯福不便回答，完全是可以理解的。罗斯福反过来问记者"会不会保密"，一句话，和记者的角色进行了互换，记者只能给出肯定的回答。你能保密，我当然也能保密。在拒绝时，不妨让对方站在你的立场，换成你的角色，让对方来体谅你不能答应的苦衷，以达到情理相通的效果。这样一来，拒绝就不会产生负面影响。

巧用言外之意

一个女生收到了一个男生的邀请，邀请她一起看电影。女生明白，这是男生向她发出的特别信号。女生明白，如果同意去看电影，男生就会误会；如果拒绝，则会让男生难堪，毕竟，他们的关系一直不错。女生想了想，回复男生，说道："好啊！我请客，喊上赵蕊、王健、赵洁，我们都是好朋友，应该一起去。"男生收到回复，便明白女生的意思。

男生的邀请，是试探，也是在表明心意。女生直接拒绝，肯定会伤害彼此之间的好朋友关系。她提出喊上其他好朋友一起去看电影，言外之意是不愿意两个人去看，我们都是好朋友，要一起去。男生稍微聪明一点，就能明白其言外之意。言外之意就是真正想表达的意思没有明说，而是通过别的话来暗示。使用言外之意拒绝别人，显得委婉、含蓄，既能达到目的，又不伤人颜面。

转嫁他人

一个朋友是保险推销员，他多次向王麟推销他们公司的保险，可是王麟已经购买了其他公司的保险，不愿再买新的保险。朋友说："你宁愿买别人公司的保险，也不买我们公司的，是不是不支持我的工作。再说保险多买一份多份保障，也没什么不好。"王麟听了，说道："这样吧，我回去和老婆商量一下，你知道我们家凡是支出在500元以上的事情，都是我老婆做主。她不答应，我答应也没用，财政大权在她手里。"

碍于关系和面子，自己不能直接拒绝的，可以借助外力，转嫁他人，以达到拒绝的目的。这样，给人的印象是拒绝也不是因为你，或者说你不是决定因素。这在一定程度上，就减少了你拒绝的“责任”。

著名作家三毛曾经说过这样一段话：“当一个人开口提出要求时，他的心里本来就预备好了两种答案。给他任何一个答案，都是他意料中的。”所以，不要害怕拒绝别人，对于自己无法满足的要求，应该果断拒绝。要始终相信，你自己的感受比别人的需求和感受更重要，永远不要为了讨好别人而为难自己。

用“模糊法”拒绝

当别人向你提出无法满足的请求，或者你不愿意满足的要求时，你干脆回绝、不留一丝情面，会伤了和气，给人一种没有人情味的感觉。既不想伤了和气，又不想委屈自己，不如采取“模糊法”来拒绝。

含糊其辞

周五下午放学后，李晴邀请苏悦周日上午去泡温泉，说最近为了准备期中考试，太累了，泡个温泉消除疲惫。苏悦不喜欢泡温泉，她觉得不卫生，也不雅观。可是李晴喜欢泡，苏悦不能如实说自己不喜欢的原因，还要拒绝李晴。她想了想，对李晴说：“我不知道，周日是不是有别的事情，现在不能答应你。这样吧，如果我能去，明天晚上联系你，如果没有联系你，那肯定是有别的事情，去不了，好吗？”李晴说：“好的，希望你能去。”

面对李晴的邀约，去还是不去，苏悦含糊其辞，没有拒绝，也没有答应，而是设置了一个前提条件——没有别的事就去，如果没有主动联系，就是不去了。去或不去，模糊不清，模棱两可，最终不去也合情合理，没有立刻拒绝，也没有当面拒绝，不会伤其和气，还达到了拒绝的目的。

时间模糊

美术学院一位青年教师的画在一次画展中获得了好评，他的画开始被收藏者关注，找他求画的人越来越多。有位朋友请他画了一幅画，说要收藏起来，他爽快答应了。然而，他得知朋友把他的画卖给了别人，心里很不高兴。过了两个星期，这位朋友又找他求画。他想直接拒绝，又担心伤害多年的友谊，于是他说：“这段日子太忙了，实在静不下心创作。你不知道，我画画需要灵感，没有灵感从来不下笔的，否则，画出来的东西差强人意。等我有了时间和灵感再画，好吗？”朋友听了，只能点头同意。

面对别人的请求，如果不愿意满足或者无法满足，不要当时当场拒绝，可以采用“时间模糊”的方法，向后推迟。需要强调的是，时间模糊是延缓拒绝，一是理由要充分客观，二是不要设置具体的时间。这样才能既让当场的推辞显得合情合理，又不给自己挖坑，达到预想的效果。

搪塞推诿

明朝初建，朱元璋欣喜江南山川已归己有，便命画工将江南山川画于殿上，以显示自己的成就。这是一件极不容易完成的任务，可是皇帝金口玉言，既然下了命令，画工又不能拒绝，于是便搪塞说："臣未遍山川，且才识浅薄，陛下遍历九州，见多识广，而且江南是您的江山，您了如指掌，劳陛下先画个轮廓。"皇帝一听龙颜大喜，挥笔画了一个轮廓，让画工润色，画工又道："陛下江山已定，岂可动摇？"朱元璋一听，非常高兴，给了画工赏赐。

画工没有拒绝，也不能拒绝，可面对不能完成的任务，他又不能接。他搪塞其辞，巧妙地让朱元璋先画轮廓，而后偷换概念，"江山已定，岂可动摇"，这样就为自己不作画找到了一个最好的理由。他的巧妙拒绝，没有惹龙颜大怒，反而让龙颜大悦，获得赏赐。这就是口才的艺术和智慧。

与精确的语言相比，模糊的语言更具弹性，具有更大的灵活性和概括性。在拒绝别人时，巧妙使用语言的模糊性，可以避免直接表达的尖锐让被拒绝者颜面受损，在没有言辞拒绝的同时，委婉地表达自己拒绝的态度和意思，不失为一种好的拒绝方法。

9

道歉，本身就是一种美德。

Chapter 9

第九章

道　歉

该道歉时别解释

人无完人，都有犯错的时候。犯错之后承认错误，就是及时止损。需要注意的是，有的人在道歉时总是喜欢解释，进行自我辩护，往往引发别人的不满。

林琳喜欢写作，经常用笔名向校报投稿，却从来没有发表过。这件事情她只告诉了最好的朋友赵娜，并要求赵娜保密。可是，赵娜却在一次和同学们聊天时，不小心透露了出来。林琳认为同学们知道她投稿没有发表这事会瞧不起她，所以非常生气。赵娜认识到自己没能替好朋友保守秘密，是自己的错误，就向林琳道歉。她说："真对不起，我不是故意的，当时太高兴了，一不小心就说出去了。我可不是'出卖'朋友的人，只是有时候说话不假思索，真不是故意泄露你的秘密。你可不要在意。"林琳听了，生气地说："你没错，是我的错，我当初就不应该告诉你。”俩人不欢而散。

林琳为什么没有接受赵娜的道歉，主要原因就是赵娜在道歉时过多地解释，为自己开脱，显得道歉的诚意不足。当你做错了事情，伤害了别人时，道歉时要让别人感受到你的诚意，要认识到自己的错误，多强调自己的错误和给别人造成的损失、伤害，而不是过多地给自己找理由。要知道，道歉的目的在于承担责任、弥补过失，而不是为自己开脱。

在学校举行的运动会足球比赛的冠亚军争夺战中，三（5）班以 2∶1 领先了 90 分钟，在最后的补时 3 分钟里，李天浩在禁区里手球犯规，裁判判罚点球。对方罚进点球后，两队战平。在最后的点球大战中，三（5）班输掉了比赛。眼看着几乎到手的冠军奖杯旁落，队长王艺伟忍不住指责李天浩：“你怎么这么没脑子，再坚持 1 分钟，我们就是冠军了。是你的愚蠢犯规，让我们丢掉几乎到手的冠军，毁掉了全队的努力！”李天浩听了，委屈得哭了。第二天，王艺伟觉得自己的话说得有些过分，就向李天浩道歉，他说：“对不起，我的话说得有点过分。但是，你得理解我，作为队长，我多么希望能为班级争得荣誉。眼看着就要拿到冠军了，却在最后的时刻功亏一篑，是谁都无法接受，难免会生气，说一些出格的话，对吗？”李天浩听了，说：“你不用解释，都是我的错，是我对不起大家。”李天浩说完，不悦地走开了。

在王艺伟道歉的一番话里，充满了为自己辩解的意味，几乎没有真诚的道歉和请求原谅的意味，又怎能获得李天浩的原谅呢？这样的道歉化解不了矛盾，反而容易造成更大的裂痕。当你拼命地解释、为自己开脱的时候，会让人觉得你更加讨厌、不可原谅。不解释，正视自己的错误，诚恳地表达歉意，才可能获得别人的原谅。

当你做错某件事情并因此带来伤害的时候，道歉时千万不要解释自己为什么会这样。因为，在别人眼里，你这不过是找理由和借口。你只需明确指出自己的问题，表达真诚的歉意，并愿意承担责任。这样，别人才会理解并重视你的观点，从而更好地接受你的道歉。如果真的需要解释，应该在获得对方原谅之后再进行。

请牢记：如果你的道歉没有诚意，就不配得到别人的谅解，唯有真诚的道歉，才能换来真心的原谅。

发火难免，但别忘记及时道歉

人都有情绪失控的时候，难免对他人发火。聪明的人都会道歉，挽回影响，避免人际关系出现裂痕。

张睿借隔壁班同学李心宁的一本英语辅导书，看了两天还没看完，李心宁需要看，就让张睿还书。张睿回到教室，却发现自己放在课桌抽屉里的那本书不见了。他问了周围的同学，大家都表示没看到。后来，张睿到宿舍去找，才发现室友王阳在看那本辅导书。他非常生气地说："你怎么这么没素质？不经允许就拿别人的东西，我都急死了！"王阳吓了一跳。张睿把书还给李心宁后，冷静下来，觉得自己冲王阳发火有点过分，便赶忙找到王阳，对他说："真对不起，刚才我太着急，口不择言，态度不好，向你道歉，希望你能原谅我。"王阳听了，说："不，应该道歉的是我，我确实做得不对，没有经过你的允许就拿走了书。”两个人言归于好。

没有控制住情绪，冲别人发火，就要道歉。道歉需要做到两点：一是态度真诚，二是要及时。错了，就大大方方地承认，并承担责任，以示真诚。及时道歉，则能修补冒犯者与被冒犯者之间的关系，把损失控制在最小范围，把负面的影响降到最低。其实，及时道歉就是及时补救。

2023年1月26日，勇士队和灰熊队的比赛比分胶着，常规时间还剩下1分12秒时，勇士队抢下篮板球，汤普森传给年轻队员普尔，这时球队老大哥库里在普尔的左侧空位要球。正常情况下，普尔应该把球传给库里，毕竟库里的三分球命中率更高。可是，这一次普尔却没有传，而是选择了投远距离三分，遗憾的是球没有进。库里非常生气，愤怒地摔出了自己的牙套。裁判根据规则，把库里罚下场。比赛结束前，冷静下来的库里来到球员通道。当普尔走过来时，库里表达了自己的歉意，他张开双臂，给了普尔一个拥抱。两人相拥之后，也就冰释前嫌。

如果你不能控制自己的情绪、对别人发火，那就应该做到及时道歉，这也是你所能控制的。一个及时的道歉，可以让对方感受到尊重和敬意，也能体现出自己的风度和修养。有的人对别人发火，自己情绪发泄后，也不考虑别人的感受，错过了道歉的最佳时机，造成无法挽回的影响。你的道歉拖得时间越长，对方心里对你的不满就越多。在对方心里还没有对你产生不满的时候，你及时道歉则会阻止不满的萌芽。

我们应该学会控制自己的情绪，尽量不要对人发火，毕竟发火是容易伤人的。如果伤害了别人还不道歉，或者道歉不及时，就容易造成矛盾。道歉越及时，造成的负面后果就越小；道歉越及时，显得你越成熟；道歉越及时，显得你越有风度。道歉，不仅能体现一个人的综合素质，更能体现一个人胸襟坦荡、光明磊落、与人为善的优秀品质。为什么不早一点道歉呢？

你别只是看起来在道歉

做错了事应该向别人道歉，但是有些人只是看起来在道歉，他的话语里丝毫没有承认错误的诚意，反而充斥着一股为自己辩解、推卸责任、指责别人的味道。

耿维维数学没考好，把卷子揉成一团想扔掉，后来一想还需要家长签字，就随手扔在了桌子上。谁知，打扫卫生的王延亮看到耿维维桌子上有一团纸，以为是废纸，给扔了。耿维维发现卷子丢了，没办法拿回家签字，非常着急。王延亮过来道歉，说道："对不起，我不是故意的。你的卷子都揉成那样了，跟废纸一样，谁能看出来。要是干干净净的卷子，我也不会给扔到废纸篓里。"耿维维本来就很生气，听了这话更生气了，说道："你是来道歉的，还是来指责我的？你把我的卷子扔了，还有理了！"场面一度很尴尬。

王延亮扔掉了耿维维的卷子，虽然名义上是来道歉的，但是只说了“对不起”三个字，就来了个180度的大转弯，一直在指责耿维维没有将卷子保存好，说自己是无心的，责任在耿维维身上。与其说是在道歉，不如说是在为自己辩解、开脱。道歉最重要的是诚意，有诚意别人才能感受到你的歉意，进而原谅你。缺乏诚意的道歉，不如不说。

老师安排孙芳芳和另外两个同学一起打扫卫生，孙芳芳放学就直接走了，所有的活儿都是那两个同学干的。第二天，孙芳芳找同学道歉，随口说道：“对不起，我昨天把打扫卫生的事给忘了。”一位同学有些怨气，说：“干活儿的事你倒忘得挺快。”孙芳芳说道：“你怎么那么小气，不就是打扫卫生我没来吗？多大点事！再说我都说对不起了，你还要我怎么样？去操场上站一天，给你们负荆请罪啊？”那位同学听了，说道：“你这是道歉吗？道歉的人，谁像你说话这么冲？”

我们向别人道歉，是因为我们的错误给别人造成了损失，我们是在表达自己的歉意，对方并没有必须接受我们的歉意并原谅我们的义务。可是有些人总觉得，我说对不起了，你就不该再计较。如果别人不接受道歉，他们就会指责对方小气、不讲情分。他们最常说的话就是："我都道歉了，你还想怎么样？"他们的道歉那么轻描淡写，一点诚意都没有，别人为什么要接受？

打篮球的时候，姜欣宇犯规撞人，把程志刚撞倒在地。程志刚生气地说："你怎么这样打球，懂不懂规则？"姜欣宇连忙说道："对不起，没事吧。哎呀，打篮球磕磕碰碰也是难免的，你别介意。"程志刚说："那你也不能犯规。"姜欣宇说道："又不是比赛，哪有那么多规矩。你忘了，上次打球你还犯规盖帽了，一巴掌就打在了我脸上。我的脸肿得那么大，三天都没消肿，我说什么了？经常打篮球的人，谁没撞过人，谁没被撞过啊？"程志刚被他噎得说不出话来，拎起衣服走了，不跟他一起玩了。

有些人做错了事，表面上是在道歉，实际上是在翻旧账。他不是说"对不起，我错了"，而是说"这次我错了，以前你干的事，比我这个过分多了"。仿佛别人以前犯过错，他这次犯的错就可以不提了一样。犯错后道歉，是在表达自己的愧疚和歉意；翻旧账则是在为自己开脱，顺带把对方指责一通。对方本来就因为我们的错误在气头上，再受到这样的指责，心情如何可想而知。

道歉的关键是话语真诚，能让对方感受到我们的愧疚之情。有些人，只是看上去在道歉，实际上却是在为自己开脱，甚至在指责别人。这只会加剧矛盾，造成更多的误会。这样的道歉之语，说了不如不说。

道歉，请注意你的姿态

生活中，与人发生争执或者矛盾，我们主动道歉本是一件值得肯定的事，可是有些人的道歉里含着一把刀，不仅无法赢得他人的谅解，还会引发更大的矛盾。

焦玉林在小区的走廊里嗑瓜子，直接把瓜子皮扔在地上。保洁阿姨看到了，对他说：“孩子，那边不是有垃圾桶吗，为什么把瓜子皮扔地上？”焦玉林说：“不就是几个瓜子皮吗，你嚷嚷什么？”保洁阿姨说：“瓜子皮能乱扔吗？我每天早上不到六点就来打扫卫生，哪儿都收拾得干干净净的，可是你们往地上乱扔垃圾，上级一检查还得罚我。”焦玉林说：“那我把瓜子皮扫了，我错了，我向你道歉，总行了吧！你别再嚷嚷了。”保洁阿姨听完更生气了，说道：“你这孩子，这是什么态度，你乱扔垃圾还有理了。”

你的话语其实是在传递你对他人的态度。焦玉林看似是在道歉、退让，却加了一句“行了吧”“你别再嚷嚷了”，传递出来的是厌恶、不耐烦甚至反感的态度，而这种态度恰似一把刀，刺伤了保洁阿姨，引发了更大的争吵。任何话语加上“行了吧”就会变成反义词，在道歉时，真诚地表达你的歉意就好，不要说出那些带有不满情绪的话，否则会适得其反！

班里公用的一支录音笔丢了，负责保管的生活委员孟娟说是孙超龙借走没归还，还说：“你看这里还有你借录音笔时的签字。”孙超龙说：“我还了，那天你有事出去了，我放你桌子上，你忘了？”孟娟坚持说没还，孙超龙说道：“好，就当是我弄丢的，对不起，我弄丢的，我赔，行不行？不就一支录音笔，几十块钱的东西，至于吗？”孟娟听了，不悦地说道：“你这是什么意思，真要是你弄丢的，你就该赔；要不是你弄丢的，你说清楚，也用不着跟我道歉。什么叫就当是你没还，难道我还会因为这几十块钱的东西诬赖你吗？”

孙超龙看似是在认错、道歉，可是他的话语还隐藏着一层含义：不是我弄丢的，我是不想跟你计较才道歉。这样的话语，孟娟怎么能接受呢？如果你真的想要认错道歉，就请拿出诚意来。如果话语里一点诚意没有，反而满含不屑甚至是敌意，即使表面上是道歉，也很难赢得别人的谅解，反而很容易伤害别人，引发矛盾。

莫莹莹从小跟着外婆长大，外婆去世后，她把自己和外婆唯一的合影珍藏在相册里，摆在床头。宿舍的同学沈明明和别的同学打闹，不小心把沈莹莹的相册给碰掉了，恰好床下有一盆水，相册全湿了！莫莹莹惊叫道："我的相册！"沈明明敷衍地说："对不起。"莫莹莹说："那可是我和外婆唯一的合影，全湿了！"沈明明说道："对不起，都怪我不小心。但是，那么重要的东西，你怎么不好好收起来，放在床边肯定容易掉啊！"莫莹莹听了这些话，心里很不舒服，对别的同学说道："她把我相册弄湿了，我还没说啥，她反而把我说一顿！"

沈明明撞掉了别人的东西，理应道歉。然而她的道歉却像在敷衍，还指责莫莹莹东西没收好，莫莹莹听了会是什么感受？有些人就是如此，自己做错了事，看似是在道歉，但是话里话外都是指责别人的意思。这样的道歉，不仅没有诚意，还有一种盛气凌人的感觉，令人难以接受。

道歉想要赢得他人的认可和谅解，最重要的是有谦卑的姿态和认错的诚意。如果缺了这些，哪怕嘴里说出的是对不起，别人也不会原谅你！